Los Niños vienen sin manual de instrucciones

Técnicas de una superniñera para educar a tus hijos

Los Niños vienen sin manual de instrucciones

Técnicas de una superniñera para educar a tus hijos

Montserrat Giménez

cuatro

© De esta edición:
2006, Santillana Ediciones Generales, S. L.
Torrelaguna, 60. 28043 Madrid
Teléfono 91 744 90 60
Telefax 91 744 90 93

Textos: Montserrat Giménez
Diseño de cubierta e interiores: El Orfanato (www.elorfanato.com)
Ilustraciones: Ken Niimura

Primera edición: octubre de 2006

ISBN: 84-03-09732-8
Depósito legal: M-38.861-2006
Impreso en España por Fernández Ciudad, S. L. (Madrid)
Printed in Spain

Índice

Presentación

Educar es un proceso costoso. Muchos padres admiten sentirse cansados y absorbidos y eso no significa que lo estén haciendo mal o que sean unos malos padres. Los niños demandan mucha atención, necesitan miles de cuidados, avanzan a un ritmo asombroso... Y no siempre sabemos qué hacer en cada momento.

La sociedad en la que vivimos tampoco nos lo pone demasiado fácil (quizá nunca lo ha sido). Son muchas las obligaciones y las dificultades, y el ritmo actual es demasiado rápido. Todo son prisas, hay demasiadas cosas que hacer y los cambios son tan frenéticos que apenas nos da tiempo a acostumbrarnos.

Quizá por eso nos volvemos impacientes y pretendemos que los niños hagan las cosas a la primera, incluido obedecer.

Pero es que todo lleva su tiempo. El bebé se encuentra ante un sinfín de posibilidades de crecimiento y aunque nace con un temperamento propio lo cierto es que el ambiente en que se desenvuelva será determinante a la hora de configurar su personalidad.

Los niños aprenden durante sus primeros años de vida muchas cosas. En un par de años son capaces de desplazarse, de hablar, de interactuar con los demás... y cada vez con menos ayuda de los adultos. Y es que educar es, fundamentalmente, guiar hacia la autonomía. Como padres somos responsables de ayudar a nuestros hijos a que aprendan a desenvolverse por sí mismos y que lo hagan en un contexto de respeto hacia los demás y las cosas que los rodean.

En ese proceso hacia la autonomía contamos con una ventaja indiscutible: los niños quieren. Ellos desean hacer las cosas solos y se sienten felices cuando realizan tareas que hasta ese momento les parecían imposibles. Se van a sentir muy contentos al escuchar sus primeras palabras, al dar sus primeros pasos, al lavarse solos el pelo, al hacer un recado fuera de casa... Si el entorno está atento a estos cambios le hará ver lo importantes que son, y el niño irá creciendo con confianza en sí mismo.

Porque también es nuestro objetivo que se sientan a gusto, que sean capaces de disfrutar de la vida y de todo lo que hagan.

Los niños no vienen con manual de instrucciones, pero podemos irlo creando. A partir de la experiencia de muchas familias y de los estudios que en Psicología y Pedagogía se han realizado podemos establecer una serie de claves y estrategias que contribuyen a que la tarea de educar sea un poco más sencilla.

Y por eso tienes entre tus manos este libro. En él encontrarás pistas, reflexiones, técnicas concretas que te harán más fácil tu tarea como educador. Convéncete de que muchas de las ideas que vas a leer pueden ayudarte a ti y confía en que te permitirán iniciar todos los cambios que desees.

En estas páginas se parte de la idea básica de que el respeto y el amor hacia el niño son fundamentales para favorecer su crecimiento. Cada niño, cada persona, es un ser único e irrepetible y por ello tiene derecho a vivir en un ambiente seguro en el que reciba todo cuanto necesita para ser feliz. Y no hablamos sólo de comida o de una casa, sino también de afecto, de elementos que estimulen su inteligencia, de normas que le permitan regular su comportamiento...

Lee el libro con calma, como un elemento de reflexión. Si lo haces de un tirón posiblemente te quede la sensación de que nunca llegarás a ser un padre perfecto. Pero no se trata de eso. La perfección no existe y menos cuando hablamos de personas. Parte de lo que eres y de lo que haces para intentar aprender un poco más sobre cómo mejorar la relación que mantienes con tu hijo.

En cuanto a su estructura el libro está dividido en cuatro partes.

En la primera de ellas se aborda la importancia de las normas y de los límites. Sin ellas, los niños crecen sin los puntos de referencia esenciales para regular su comportamiento. Ten en cuenta que saber lo que hay que hacer (normas) y cuándo (horario) estructura la convivencia y hace que todo sea más fácil.

La segunda parte está dedicada a las técnicas básicas para educar. Pero antes de hablar de estrategias concretas encontrarás un capítulo dedicado a la actitud del educador. Es esencial que reflexiones sobre cómo educas y que conozcas cuál es la mejor manera de dirigirte a tu hijo para entenderle y acompañarle en su desarrollo. La mejor de las técnicas es inútil si antes no adquirimos confianza en nosotros mismos y en nuestra capacidad para influir sobre nuestros hijos. Después se abordan diferentes técnicas para fortalecer las buenas conductas y otras que nos ayudarán a eliminar las inadecuadas.

En la tercera parte se describen situaciones de la vida que pueden representar alguna dificultad. Están las más significativas (problemas en la comida, en el sueño, con los demás...) y encontrarás algunos ejemplos que te permitirán aprender a observar lo que sucede y descubrir sus posibles soluciones.

Un consejo: no vayas directamente a las soluciones o recetas (en educación hay muy pocas); intenta seguir el orden de lectura propuesto y no dudes en ir comentando con tu pareja, otros padres o amigos las pistas que te presentamos para que realmente puedan ayudarte a educar de manera diferente.

En la última parte se aportan pistas para mejorar el bienestar familiar, aprendiendo a cuidarse a uno mismo, fortalecer la expresión de las emociones y planificar el tiempo libre.

Utiliza lo que vas leyendo pero no para criticar lo «mal que lo haces» o agobiarte por no conseguir que las dificultades se resuelvan. Intenta descubrir otras formas de entender la educación y la relación con tu hijo.

No dudes en acompañar a tu hijo en el maravilloso camino que ha iniciado y a disfrutar intensamente de la relación que va surgiendo entre vosotros. A partir de ahí educar será mucho más sencillo.

PRIMERA PARTE

Introducción

Capítulo I

Observa

¿Qué es lo que te pasa? Ésta es la primera pregunta que te hace el médico cuando vas a verle a la consulta: ¿cuál es el motivo por el que requieres su servicio? Un dolor de cabeza, molestias en el estómago, presión en las piernas... es un buen motivo para dirigirse al profesional y conocer el remedio a nuestras dolencias.

Pero el médico no se queda ahí. Nos hace muchas más preguntas: ¿qué comes?, ¿haces ejercicio?, ¿has tenido otras enfermedades?... Y, además, realiza una serie de pruebas que facilitan el diagnóstico.

Así comienza también este libro, observando la realidad, definiendo claramente la situación que vivimos en casa. A veces hay un problema y debemos hacer lo posible para encontrar una solución; otras, simplemente notamos que algo no va demasiado bien y necesitamos mejorarlo y, por último, siempre es bueno conocer qué podemos hacer para prevenir posibles dificultades.

Por todo ello, vamos a comenzar mirando a nuestro alrededor. El cuestionario de la primera parte del capítulo te ayudará a reflexionar sobre tu forma de educar y el ambiente que se vive en tu casa. Son preguntas para ti, así que sé sincero. A lo largo del libro encontrarás ideas para mejorar aquellos aspectos que consideres necesarios.

Después dedicaremos un tiempo a observar nuestro estilo educativo. Nadie nos ha enseñado a ser padres (al menos de una manera formal), pero tú lo eres y tienes una forma determinada de actuar con tus hijos. Es muy importante que te pares a reflexionar sobre esa manera de hacer. A veces repetimos los modelos que hemos tenido en nuestra infancia, pero eso no garantiza que lo estemos haciendo bien.

Otras veces vamos resolviendo las situaciones con lo que vamos oyendo que es mejor. Ha llegado el momento de descubrir qué aspectos nos pueden ayudar a mejorar nuestro estilo como educadores.

Después intentaremos conocer un poco más al niño. La forma de ser de tu hijo tiene mucho que ver con el momento evolutivo que está viviendo. Aunque es cierto que no hay dos niños iguales, podemos apreciar patrones que se repiten y que provocan cambios en su comportamiento. Por ejemplo, una rabieta a los 2 años es completamente normal, independientemente del estilo educativo de los padres.

Y por último miraremos a nuestro alrededor, fundamentalmente nuestra casa y cómo está organizada. El horario y el orden son aspectos imprescindibles a la hora de educar. Veremos cómo influyen en el comportamiento de nuestros hijos (y también en el nuestro).

Un consejo: trata de ser objetivo/a. A veces nos pesa el cansancio, el estado de ánimo o la experiencia pasada. Trata de centrarte en el momento presente y aprende a definir la situación actual de forma adecuada. No te preocupes, a lo largo de las siguientes páginas encontrarás pistas para conseguirlo.

Cuestionario

El cuestionario está dirigido a conocer cómo es tu estilo educativo y el ambiente de tu casa. Utilízalo para reflexionar sobre la educación que estás proporcionando a tus hijos, pero no para culparte por lo que haces mal.

El objetivo es encontrar qué aspectos pueden mejorarse, empezar a hacerse de una manera diferente para fomentar relaciones más positivas.

Lee los siguientes enunciados e indica SÍ si estás de acuerdo y NO si no estás de acuerdo.

	SÍ	NO
1. Mi hijo sabe que hay unas normas en casa.	○	○
2. Intento guardar las cosas en el mismo lugar.	○	○
3. Cuando mi hijo sabe/puede hacer algo, le dejo aunque tenga que ayudarle un poco.	○	○
4. Los niños saben dónde están sus cosas.	○	○
5. Normalmente grito a mi hijo.	○	○
6. Trato al niño con respeto.	○	○
7. Mi hijo dispone de un lugar para estudiar, jugar, etc.	○	○
8. Con frecuencia pego a mi hijo para controlar su comportamiento.	○	○
9. Normalmente encuentro lo que necesito sin demasiados problemas.	○	○
10. Cuando ya no puedo más, le dejo hacer lo que quiera.	○	○
11. Me da mucho miedo que le pase algo, así que el niño sale poco de casa.	○	○
12. Comemos siempre en el mismo lugar (cocina, salón...).	○	○
13. A la hora de poner las normas y pensar en lo que pasa si no se cumplen, me pongo de acuerdo con mi pareja (o personas implicadas en la educación del niño).	○	○
14. Prefiero hacer yo las cosas (las hago mejor y más rápido) que esperar a que las lleve a cabo mi hijo.	○	○
15. Mi hijo come, se baña y se acuesta aproximadamente a la misma hora.	○	○
16. En casa no se cumplen las normas si no estoy yo.	○	○
17. Animo y felicito a mi hijo para que haga las cosas por sí mismo.	○	○
18. Cuando digo a mi hijo que se vaya a su cuarto por haber hecho algo mal, me da pena y voy a decirle que salga un poco después.	○	○
19. Enseño a mi hijo a recoger las cosas después de utilizarlas.	○	○
20. En casa se hace lo que digo yo.	○	○
21. Procuro que mi hijo tenga tiempo suficiente para hacer las cosas.	○	○
22. Permito que el niño participe en alguna tarea de la casa.	○	○
23. Cuando se porta mal, digo a mi hijo que le voy a castigar con cosas que luego no cumplo.	○	○

Para valorar el *estilo educativo,* suma con un punto si has respondido de la siguiente manera:

Sí a las cuestiones: 5, 8, 10, 11, 14, 16, 18, 20 y 23.

No a las cuestiones: 1, 3, 6, 13 y 17.

Para valorar la *organización de tu casa,* suma un punto si has respondido sí a las siguientes cuestiones: 2, 4, 7, 9, 12, 15, 19, 21 y 22.

Y tú ¿cómo educas?

El estilo que adoptamos con nuestros hijos contribuye de diferentes maneras en su desarrollo y en la adquisición de los diferentes hábitos. Sin darnos cuenta, la mayoría de las veces repetimos los patrones que nuestros padres han utilizado con nosotros. Aquella frase que tu madre te repetía sin parar y que tanto te molestaba, posiblemente la has utilizado para decir a tu hijo que recoja o que se lo coma todo. ¿Por qué ocurre esto? Pues porque no conocemos otro modo de educar.

A veces tenemos muy claro lo que queremos, pero no sabemos cómo llevarlo a cabo y terminamos recurriendo a los castigos de siempre.

Por otro lado, el estrés al que estamos sometidos no contribuye demasiado a nuestra vida familiar. La mayoría de las veces estamos demasiado cansados para imponernos, tenemos demasiadas cosas que hacer como para estar pendientes de lo que los niños hacen o recibimos demasiadas presiones del exterior para que nuestra familia sea de una determinada manera o tenga un montón de cosas, por lo que nos resulta realmente complicado que en casa se pueda funcionar de una manera relajada.

Nuestra forma de ser, el aprendizaje que hemos tenido y nuestra situación familiar pueden dar origen a diferentes modos de educar a nuestros hijos. A continuación encontrarás cuatro de los estilos educativos más representativos. Intenta descubrir qué aspectos utilizas tú en tu labor como padre/madre:

- *Estilo autoritario.* «Las cosas se hacen porque lo digo yo». En este caso existen normas muy claras y consecuencias muy dañinas si no se cumplen. La agresión verbal o física suelen estar presentes en este estilo y el niño aprende a hacer caso a aquella persona que impone la autoridad, pero no aprende a realizar las conductas adecuadas.

> *Si actúas siempre de forma autoritaria, tu hijo no aprenderá a distinguir entre lo que está bien y lo que está mal, porque todo depende de tu criterio. Es posible que crezca con miedo y con falta de iniciativa.*

- *Estilo permisivo.* «Haz lo que quieras, me da igual». En este caso no hay normas, aquí todo vale. Da igual a qué hora se coma o lo que se coma, si hay que jugar de una determinada manera, si se puede poner la tele cuando uno quiera... Lo importante es que no se moleste. El niño que vive este estilo parental no tiene límites porque está acostumbrado a hacer lo que le parece.

> *Si actúas siempre de forma permisiva, tu hijo aprenderá rápidamente que puede hacer lo que le viene en gana y no atenderá a razones ni a normas cuando trates de imponérselas. Posiblemente se convierta en una persona poco responsable, evitará el esfuerzo y será bastante infantil.*

- *Estilo sobreprotector.* «No hagas eso que puedes hacerte daño». Cuando adoptamos este estilo optamos por proteger a nuestro hijo impidiendo que realice cosas que podría hacer por sí mismo. Nos encargamos de vestirle o de ducharle, porque, según nosotros, él no sabe. Pero también hacemos lo posible para que no llore, no se disguste o no le vayan las cosas mal. El niño en ambiente sobreprotector espera que se lo den todo hecho y difícilmente puede afrontar las diferentes situaciones de la vida diaria por sí solo. Siempre necesita que haya un adulto cerca.

Si con frecuencia actúas de forma sobreprotectora, tu hijo no aprenderá a hacer nada por sí solo, dependerá siempre de ti. A estas edades, lo más probable es que tu hijo crezca rodeado de miedo e inseguridades. Más adelante puede rebelarse contra todo aquello que tú consideras adecuado.

• *Estilo democrático.* «Voy a enseñarte a que te desenvuelvas por ti mismo». Bajo esta forma de entender la educación el padre o la madre saben que pueden contribuir a que su hijo se desarrolle plenamente y para ello son necesarios unas normas, límites y rutinas que le ayuden a organizarse y le permitan ser cada vez más autónomo. El niño aprende lo que tiene que hacer porque le han enseñado a hacerlo.

Si actúas de forma democrática, tu hijo sabrá distinguir las conductas adecuadas de las que no lo son, independientemente de que le premies o castigues por ello. En general, será una persona segura de sí misma, con capacidad para opinar y tomar decisiones.

Ninguno de estos estilos suele darse en estilo puro. A veces educamos de forma autoritaria, otras permisiva... Y en ocasiones encontramos en un mismo hogar diferentes modos de tratar a los niños. Estas situaciones pueden generar bastante confusión pues no damos la posibilidad de que el niño aprenda a qué debe atenerse.

Algunos padres admiten que su estilo autoritario está reforzado porque les da buen resultado. Han descubierto que un grito a tiempo consigue que sus hijos se estén quietos. Otros padres dicen que ya no pueden más, que se sienten demasiado cansados para poder ejercer algún tipo de influencia sobre sus hijos y que por eso optan por el estilo permisivo. En otras familias la situación de sus hijos, por ejemplo haber vivido una larga enfermedad, les ha «obligado» a sobreprotegerle.

Las consecuencias negativas de los tres primeros estilos educativos son muy evidentes. No se trata de tirarse de los pelos si te has sentido identificado/a con alguno de ellos, sino de reconocer las implicaciones que en la educación de tus hijos tiene el hecho de que optes por ser autoritario, permisivo o sobreprotector. Sobre todo porque queremos mantener relaciones adecuadas con nuestros hijos y que éstos logren la autonomía que necesitan para sentirse seguros y felices.

A lo largo de estas páginas encontrarás pistas y estrategias que te ayudarán a fortalecer el estilo democrático, con el cual podrás empezar a vivir la relación con tu hijo de una manera más relajada. El objetivo es dejar de ser la persona que controla el comportamiento del niño, para convertirnos en su *entrenador*, en alguien que le ayuda a fortalecer las habilidades que necesita para desenvolverse sin problemas en la vida y todo ello desde el cariño y el respeto mutuo.

Conoce a tu hijo/a

Los principales logros que vamos a observar en nuestros hijos están relacionados con el desarrollo de su autonomía, en cómo comprenden el mundo que les rodea y en la forma de actuar en él. El niño pequeño que necesita del adulto para alimentarse, comer y salir a pasear se convierte en un adolescente que puede cuidar de sí mismo y relacionarse con los demás sin problemas.

A lo largo de la infancia el niño adquiere, además, la capacidad para controlar su propia conducta en función de los puntos de referencia que ha ido teniendo. Sus capacidades cognitivas, motoras y afectivas se transforman permitiéndole configurar su forma de pensar, actuar y sentir.

Hasta los 2 años los cambios más relevantes están relacionados con sus movimientos. La forma de moverse se perfecciona y cada vez es más capaz de realizar tareas que requieren una mayor precisión. Con la aparición del lenguaje surgen nuevas potencialidades que le permiten procesar lo que escucha y expresarse.

Entre los 2 y los 6 años nos encontramos en un momento importante para el desarrollo del autocontrol y la autonomía. El niño puede pensar sobre lo que le sucede, establecer relaciones entre su comportamiento y las consecuencias que recibe. Adquiere los hábitos básicos que le permiten vestirse, asearse, comer... sin la constante ayuda del adulto. En estos momentos las normas se convierten en puntos esenciales para su desarrollo.

A partir de los 6 años los cambios en el pensamiento son los más significativos. Poco a poco podrá realizar operaciones más complejas, separándose de la percepción inmediata para integrar el conocimiento y su propia experiencia. Mejoran en su capacidad para adoptar otros puntos de vista, organizar diferentes contenidos, razonar, planificar y resolver problemas.

A continuación encontrarás algunos de los cambios que se producen durante la infancia. Ten en cuenta que aunque podemos hablar de unas características comunes, lo cierto es que cada niño lleva su propio ritmo y es esencial que se respete si queremos contribuir en su proceso de maduración.

Entre los 0 y los 2 años

Comprensión de las normas

El bebé no va a entender las normas. Poco a poco irá comprendiendo los mensajes y entenderá que algo pasa cuando el adulto le dice que no, le habla más alto o le coge un objeto que él tiene.

Paulatinamente irá aprendiendo el significado de órdenes sencillas: «no se toca», «dame eso», «ven aquí»... y al final de esta etapa, comprenderá la mayoría de los mensajes.

La aparición del lenguaje supondrá un importante avance en la comprensión del mundo que le rodea.

No siempre acepta que le digamos que no, llora y se enfada cuando le retiramos de algún lugar peligroso.

Autonomía personal

El bebé recién nacido depende totalmente del adulto.

El desarrollo de sus movimientos le va a permitir relacionarse con el exterior: descubre su cuerpo, quiere coger cosas, desea sentarse, rodar, desplazarse... Y todo esto le va a permitir realizar algunas conductas de manera más autónoma (cuando gatee o ande ya no necesita del adulto para moverse por la casa, por ejemplo). También aprende a coger el biberón, la cuchara (aunque al principio se manche mucho), el vaso...

Puede hacer pocas cosas por sí mismo, aunque poco a poco es capaz de realizar algunas conductas de manera muy sencilla: intenta ponerse los zapatos, lavarse en el baño, comer por sí mismo...

La relación con los demás

El bebé demuestra desde muy pequeño que tiene interés por las personas: prefiere mirar una cara que cualquier otro objeto, reconoce a su padre/madre y sonríe cuando le ve.

Le gusta estar con otras personas, fundamentalmente con los adultos que le cuidan, y a medida que aumenta el interés por el medio le gustará estar con otros niños.

Entre los 2 y los 3 años

Comprensión de las normas

Se muestra colaborador; su deseo de hacer las cosas que ve realizar a los demás le empuja a desarrollar su autonomía.

Estamos en plena etapa de oposicionismo, por lo que se negará a realizar algunas tareas, querrá salirse con la suya a toda costa. Son frecuentes las rabietas a través de las cuales manifiesta su deseo de conseguir lo que quiere. Todavía no distingue entre lo que hace bien y lo que hace mal; le cuesta controlar su propia conducta y por eso necesita normas claras y estructuradas.

Autonomía personal

A esta edad el niño comienza a mostrar los primeros intentos de autonomía. Sobre todo quiere hacer las cosas, aunque está aprendiendo y por eso necesita la supervisión y la ayuda del adulto.

Le cuesta vestirse, pero ya puede quitarse algunas prendas él solo.

También puede ir al baño solo (con un poco de ayuda), se lava y se seca la cara y las manos...

Para comer usa sin problemas la cuchara y el tenedor sin derramar demasiada comida.

Comprensión del contexto social.

La relación con los demás

Le gusta estar con otras personas y juega con otros niños en grupos pequeños, con dificultades para cooperar en el juego. Tiene capacidad para esperar su turno.

Aparece el juego simbólico en el que representa acciones de la vida cotidiana mediante diferentes papeles (jugar a papás y mamás, a los médicos...).

Puede ordenar y guardar algunas prendas de vestir como zapatillas o pijama, colaborar en pequeñas tareas como poner las servilletas o algunos cubiertos en la mesa, regar las plantas, etc.

Entre los 3 y los 4 años

Comprensión de las normas

Adquiere nociones sobre lo que es adecuado y lo que no, fundamentalmente a partir de las consecuencias de su acción (premio y castigo). La alabanza y el refuerzo tienen un gran valor a esta edad.

Sigue adquiriendo capacidad para controlar su conducta y aprende que existen normas para estar en casa, en el colegio, en el parque...

Autonomía personal

Sigue avanzando en el arte de vestirse, algo que ya puede hacer prácticamente solo. Sabe cómo deben ponerse las prendas (distingue el derecho del revés), abrocharse los botones, etc.

Va solo al baño y perfecciona su capacidad para lavarse la cara, las manos, los dientes...

Come sin problemas utilizando los cubiertos (cuchara y tenedor).

La relación con los demás

Demanda estar con otros niños; tiene capacidad para esperar su turno y cooperar en el juego.

Le gusta observar al adulto al que imita constantemente.

Puede ordenar y guardar su ropa y sus juguetes, poner la mesa (servilletas, platos, cubiertos, etc.), hacer pequeños recados (por ejemplo, llevar alguna nota al profesor), cuidar de las plantas o de algún animal, etc.

Entre los 4 y los 5 años

Comprensión de las normas	***Autonomía personal***	***La relación con los demás***	
Distingue entre las acciones buenas y las malas a partir de la información que recibe de los adultos (es una buena conducta si recibe aprobación y mala, si es reprendida), aunque a veces tiene dificultades ante situaciones concretas. Cuando actúa de forma inadecuada puede responder que él no ha sido si se le pregunta directamente. Es capaz de entender instrucciones claras y sencillas a la hora de realizar diferentes actividades, aunque a veces responda con un «no quiero».	Es capaz de asearse y vestirse solo. Puede incluso participar en el baño si el adulto está cerca para darle indicaciones. A la hora de comer puede empezar a utilizar el cuchillo para cortar piezas sencillas.	Empieza a entender el sentido de la amistad y le gusta tener amigos. Surge el juego de reglas, aunque todavía no lo entiende muy bien y se enfada si no gana.	***Puede*** ordenar y guardar su ropa, juguetes, libros..., preparar los objetos que necesita para una actividad determinada o realizar recados sencillos atendiendo a su edad y al entorno (ir a casa de un vecino a pedir algo, por ejemplo).

Entre los 6 y los 8 años

Desarrollo cognitivo

Su pensamiento le permite hablar de lo que no está presente, transformar situaciones y pensar sobre ellas, integrar toda la información que conoce, así como entender que existen puntos de vista diferentes al suyo.

Le interesa el mundo que le rodea. Antes de dar una respuesta se esfuerza por reflexionar y comprender la lógica de las situaciones y de los objetos.

Cada vez es más consciente de su propia identidad, de quién y cómo es él.

Las relaciones con los demás

Su familia seguirá siendo importante para él/ella como también empiezan a serlo otras personas (compañeros, profesores...).

Se empiezan a formar las primeras pandillas o grupos de amigos, más o menos estructurados, y son muy frecuentes los juegos de equipo.

Juega con los niños y niñas que hay a su alrededor, pero se trata de uniones bastante frágiles que se pueden romper por cualquier incidente.

A partir de los 6 años el/la niño/a cambia el concepto de amistad: el amigo es aquel que nos complace, que hace cosas que nos gustan.

Son frecuentes los enfados durante el juego.

Comprensión de las normas

Su afán de conocer y el desarrollo de su autonomía le permiten explorar el medio que le rodea de una forma más independiente.

Subordina la justicia a la autoridad adulta: las cosas se hacen o no porque los mayores lo dicen.

Conoce que existen normas e intenta seguirlas. A veces hace *trampas* para salirse con la suya, pero lo sabe y suele sentirse mal por ello.

Adquiere las primeras nociones de justicia y a menudo recurrirá a este concepto para que se le trate como a los demás. No aceptará que se le castigue cuando ha hecho las cosas sin querer.

Puede ordenar y cuidar los objetos de la casa (aunque se muestra despistado en ocasiones), hacer recados sencillos (atendiendo a las características de su entorno), asumir responsabilidades en casa (encargarse de la basura, de poner o quitar la mesa, etc.).

Entre los 8 y los 10 años

Desarrollo cognitivo

La atención y la memoria siguen mejorando. Puede estar más tiempo concentrado en la tarea y mejoran las estrategias para memorizar: agrupa los elementos de una lista en categorías para poder recordarlos mejor, sabe que es más fácil comprender un texto para poder memorizarlo, etc.

Su emotividad se equilibra: los temores empiezan a desaparecer y es capaz de controlar sus impulsos (aunque se puede enfadar con frecuencia).

Los cambios cognitivos le permitirán ir formando una imagen de sí mismo y empieza a hacerlo comparándose con los demás.

Las relaciones con los demás

La familia y otros adultos (profesores) siguen siendo referentes importantes.

Se implica en el juego colectivo. Establece con los demás normas y es consciente de que, para ser admitido en el grupo, debe respetarlas.

Entiende la amistad como algo bidireccional, es decir, que ambas partes deben implicarse para agradar al otro. Todavía no la concibe como algo perdurable que haya que cuidar en todo momento.

Aunque cognitiva y socialmente va logrando independencia, sigue necesitando la aprobación de los adultos para formar una imagen positiva de sí mismo.

Comprensión de las normas

Entiende que las normas son necesarias, aunque es normal que proteste o se enfade cuando no las cumple.

Empieza a distinguir entre lo que está bien y lo que está mal porque ha reflexionado sobre ello. Comprende los conceptos de verdad y mentira, justicia e injusticia, y es capaz de aplicarlos a su vida cotidiana.

Puede cuidar de sus cosas y de las de la casa, tomar decisiones razonadas, realizar recados (ir a comprar a una tienda cercana, por ejemplo) o algún arreglo sencillo, etc.

Entre los 10 y los 12 años

Desarrollo cognitivo	*Las relaciones con los demás*	*Comprensión de las normas*	*Puede* cuidar de sí mismo (aunque a veces actúa de forma perezosa y descuidada), realizar recados más complejos, asumir responsabilidades en casa de forma totalmente autónoma, cuidar de sus hermanos menores, etc.
Ya no se deja llevar por la primera impresión. Aumentan las preguntas sobre el funcionamiento de las cosas, las causas que originan los cambios, las consecuencias de las transformaciones... Su capacidad de atención y memoria mejoran notablemente. Utiliza estrategias más elaboradas para memorizar como intentar repetir una lección que ha aprendido con sus propias palabras. Es capaz de entender que existen diferentes puntos de vista y opiniones diferentes a la suya. Emocionalmente es capaz de apoyarse en las normas para controlar sus emociones.	Empieza a entender la amistad como algo recíproco entre dos personas que comparten gustos e intereses y, sobre todo, que puede prolongarse en el tiempo. Valora la fidelidad y le molesta que el amigo le haga daño de forma intencionada. Tanto unos como otros, cuando están en pandilla, pueden actuar de forma *llamativa* para captar la atención, sobre todo la del sexo contrario.	En cuanto a las normas, empieza a comprender que se fundamentan en el respeto mutuo y que son necesarias para la convivencia en sociedad. Puede reflexionar sobre ellas, discutir acerca de su utilidad y flexibilizarlas para adaptarse a las diferentes situaciones. Por eso también es más crítico consigo mismo y con quienes le rodean.	

A partir de lo descrito en las páginas anteriores intenta definir a tu hijo, optando no sólo por reflejar aquellas cosas que te incomodan o no te gustan de él, sino también todas esas cualidades que le convierten en la persona excepcional que es. En ocasiones, la clave para empezar a resolver las dificultades concretas del día a día está en aprender a mirar de una manera diferente.

➤ **Recuerda** que cada niño tiene sus propias cualidades (y defectos). Un niño no es malo por ser más inquieto y necesitar correr y explorarlo todo; ni un niño es bueno porque nunca proteste. Las características del niño le hacen ser quien es y aprender a aceptarlas es la mejor manera de animarle a que siga creciendo y así contribuir a que adquiera las habilidades que necesita para ser autónomo en todas las facetas de su vida.

Nuestra casa

La forma en que estructuramos el tiempo y el espacio es mucho más importante de lo que creemos. El hogar es el entorno más inmediato del niño y a través de las actividades que realiza en él, de los objetos que maneja y de las personas con las que convive tu hijo estructura su mente, empieza a tener nociones sobre el tiempo y sobre las cosas.

Como veremos más adelante, el horario es imprescindible a la hora de educar. Cuando las actividades se repiten día tras día, el niño entiende que hay una secuencia lógica y aprende a anticipar qué actividad viene después y a prepararse para llevarla a cabo. Seguramente, cuando tu hijo era un bebé, empezaba a llorar de hambre al segundo de haberle sacado de la bañera, porque tú le enseñaste que después del baño venía la cena.

Lo mismo ocurre con las demás actividades. Lo normal es que un niño que sabe lo que viene después no tenga demasiados problemas en cambiar de actividad. Sabe que después de cenar se irá a la cama y lo vive con naturalidad porque así ha sido desde que ha nacido.

Por eso, cuando no existe un horario fijo y cada día se actúa de una manera diferente, los niños no poseen ese referente que les permite anticipar lo que viene después. En esos casos es normal que surja el conflicto, pues los niños dependen de la voluntad cambiante del adulto y no de una estructura clara a la que habituarse.

No haber tenido un horario hasta el momento puede deberse a múltiples causas, pero eso no significa que no estemos a tiempo de intentarlo en la actualidad. Los niños, sobre todo si son pequeños, se adaptan fácilmente a los cambios, sobre todo si contribuyen a que se sientan mejor.

Algo parecido sucede con el orden. Al niño, por ejemplo, le resulta mucho más fácil irse a dormir si lo hace siempre en el mismo sitio y con unas condiciones ambientales similares. Tener su cama, sus muñecos, etc., le ayudan a sentirse seguro.

Si las rutinas son algo habitual en su vida, surgen menos dificultades cuando se introducen cambios.

Si sabes dónde guardas las cosas, si encuentras lo que necesitas para funcionar, si dedicáis un tiempo a ordenar, etc., tu casa se convertirá en un buen referente para que el niño pueda desenvolverse sin problemas.

Pero si todo está tirado, si nunca encuentras nada, si pierdes cantidad de tiempo buscando las cosas..., te sentirás fatal y tu hijo se encontrará totalmente desconcertado.

Con estos referentes es como si estuviéramos amueblando su mente, poniendo las estructuras básicas a partir de las cuales se puede sentir seguro e ir afrontando nuevas situaciones con confianza.

Para corregir el cuestionario

Estilo educativo

Si has obtenido 10 o más puntos, debes revisar tu estilo educativo. Posiblemente estés favoreciendo muy poco la autonomía de tu hijo y quieras que te haga caso a toda costa, por lo que a veces utilizas métodos poco eficaces.

Si has obtenido entre 5 y 9 puntos, necesitas afianzar la confianza en el niño y establecer normas claras que le sirvan de referencia para mejorar su comportamiento.

Si has obtenido 4 o menos puntos, vas por buen camino. Intentas que estén claras las normas y que se lleven a cabo respetando al niño y favoreciendo su autonomía.

Organización

Cuantos más puntos hayas obtenido (el máximo es 9), más organizado lo tienes todo. Recuerda que esto ayuda enormemente a que las cosas funcionen bien.

Independientemente de las puntuaciones obtenidas, las siguientes páginas te ofrecerán muchas ideas para mejorar tu estilo educativo. Recuerda que nunca seremos educadores perfectos, pero aprender a reflexionar sobre nuestra actuación es la mejor garantía de que estamos dispuestos a cambiar. Y eso es fundamental para educar.

Diez pistas para recordar

• Mira a tu alrededor. Pararse a ver lo que sucede es el primer paso para iniciar cualquier cambio.

• Ten en cuenta el momento evolutivo de tu hijo: te dará pistas para favorecer su crecimiento.

• Acepta a tu hijo tal y como es, no le compares con nadie. Demuéstrale que le quieres porque desde ahí es mucho más fácil educar.

• No te olvides del horario; saber en cada momento lo que hay que hacer os ayudará a todos.

• Organiza la casa de manera que cada cosa tenga su lugar. Eso os permitirá ahorrar mucho tiempo y esfuerzo.

• Cuida la relación con tu hijo y aprende a disfrutar con él.

• Favorece la comunicación entre todos los miembros de la familia. Los demás no saben lo que piensas si no se lo dices.

• Evita la sobreprotección, el autoritarismo o la falta de disciplina; no son la mejor manera de educar.

• No dudes en reflexionar continuamente sobre tu forma de educar; eso te permitirá resolver las dificultades con más seguridad.

• Siéntete orgulloso de la identidad de tu familia. No hay dos familias iguales y lo importante es que cada una vaya eligiendo lo que desea ser.

SEGUNDA PARTE

Manual de instrucciones

Capítulo II

Normas y límites

Una norma recoge lo que se puede o no se puede hacer en tu casa. Cada familia pone sus normas y las va creando en función de las necesidades que van surgiendo.

La mayoría de nosotros tiene muy claro cómo queremos que se funcione en casa. No deseamos gritos, ni peleas, ni que se tiren las cosas, ni que haya que estar detrás de todo el mundo recordándole lo que tiene que hacer... Sabemos lo que queremos, pero ¿cómo conseguimos que sea aceptado por todos?, ¿qué podemos hacer para que se convierta realmente en una norma?

En la mayoría de los casos las normas no se cumplen por alguna de las siguientes causas (o por varias de ellas):

• Porque no ha habido consecuencias positivas ni negativas. Imagínate que te dicen en tu trabajo que no se puede fumar. Enciendes el primer cigarrillo y nadie te dice nada. ¿Qué haces con la norma? Olvidarla y seguir como hasta ese momento.

• Porque los modelos de referencia no las cumplen. Supón que en tu casa establecéis la norma de que hay que ducharse todos los días, pero tú no lo haces. Para tus hijos dejará de ser una norma porque alguien tan importante como tu no la cumple.

• Porque hay una contradicción entre normas. Si tu pareja dice que en casa no se grita, pero tú lo haces continuamente, o si tú decides que hay que comerse todo lo del plato, pero tu pareja se lo retira cuando el niño dice que no quiere más, entonces no existe una norma clara, por lo que dejará de tener efecto sobre tu hijo.

• Porque la norma es inconsistente, es decir, sólo hay que cumplirla en determinados casos. Como ahora estoy cansada para insistir, permito que mi hijo se levante de la mesa; pero mañana no le dejo levantarse hasta que no se lo coma todo. Esta inconsistencia *enseña* al niño que las normas no son importantes, porque todo depende de cómo se encuentren papá o mamá en ese momento.

Tu hijo debe saber que las normas ayudan porque:

- Facilitan la convivencia.
- Permiten que nos llevemos bien y que no haya discusiones.
- Nos ayudan a crecer y a hacernos mayores.
- Nos dejan tiempo para hacer cosas divertidas.

Poniendo normas

En el momento en que nacemos todo lo que nos rodea es un mundo nuevo a explorar. Poco a poco vamos reconociendo a las personas más significativas de nuestro entorno y adquiriendo una serie de comportamientos ligados a las acciones cotidianas. A través de las rutinas el niño empieza a entender cómo se va organizando su vida y eso le permite controlar su conducta y sentirse cada vez más seguro.

Si el niño sabe lo que «le toca hacer» en cada momento es mucho más fácil conseguir que lo acepte de buen grado que si cada día se le pide hacer algo diferente, en un orden totalmente arbitrario o sujeto a los cambios en las preferencias de los adultos.

Por eso nos esforzamos en poner normas que, en principio, no son más que una forma de recoger la vida cotidiana. Las normas básicas están relacionadas con los hábitos de comida, higiene y sueño. Así, con los bebés nos esforzamos para que coman, se bañen y duerman en un momento determinado. Esa rutina se adquiere a través de la repetición y habrás observado cómo el niño se altera o cambia de humor cuando este horario sufre modificaciones.

A medida que el niño crece y sobre todo con la adquisición del lenguaje (a partir de los 18 meses), las normas se van haciendo más complejas y empiezan a incluir otro tipo de acciones que nuevamente se incluyen dentro de las rutinas cotidianas. Poco a poco también añadimos normas relacionadas con la convivencia y así le pedimos que no grite o que pida las cosas «por favor». Y a medida que va creciendo, tu hijo irá «reclamando» su participación en la elaboración de las normas, descubriendo así su utilidad y la posibilidad de ir tomando decisiones.

➤ **Recuerda** que la única manera que tenemos de conseguir que los niños aprendan qué conductas son adecuadas y cuáles no es habituándoles a una secuencia de actividades que se repiten día a día y haciéndoles ver que tanto cumplir con ellas como no implica unas consecuencias.

En resumen, podemos hablar de distintos tipos de normas:

• Normas relacionadas con los hábitos y rutinas. Es hora de levantarse, de comer, de ver la tele... Este tipo de normas se estructuran con la repetición diaria. Si el niño sabe lo que tiene que hacer, le costará mucho menos realizarlo. Los más pequeños asumirán con naturalidad que ahora les toca bañarse o comer.

• Normas relacionadas con la convivencia y límites. Son del tipo: debemos hablar sin gritar, no se pega, las cosas se piden por favor, no se toca... Se trata de normas que vamos transmitiendo a nuestros hijos normalmente a través del lenguaje, aunque no tenemos que esperar a que ellos hablen para que las vayan escuchando. Los niños, desde bien pequeños, aprenden el significado del «no» y entienden que el adulto les avisa de una prohibición o de un peligro.

La importancia de las rutinas

Saber en cada momento lo que va a suceder nos permite sentirnos más seguros. Anticipar que ahora vamos a comer o irnos a la cama permite al niño desarrollarse en un entorno organizado que le ayuda a estructurar su mente y su comportamiento.

Por eso, un buen comienzo para conseguir que nuestro hijo asuma responsabilidades y no proteste por todo es organizar el tiempo, es decir, hacer un horario que recoja cómo está organizada nuestra vida familiar.

Este horario no puede ser común para todas las familias pues las circunstancias son muy diferentes como también lo son las preferencias. A lo largo del día deben quedar recogidos los tiempos para comer, para dormir y para asearse como hábitos básicos en el desarrollo del niño. Pero también son importantes otros tiempos dedicados al juego, a las relaciones con los demás, al deporte, etcétera.

El tiempo se aprovecha más y mejor cuando uno está organizado. En ese horario también puede quedar recogido, siempre que sea posible, un reparto de responsabilidades. Mientras uno de los padres prepara la cena, el otro puede bañar al niño. Cuando tenemos varios hijos, podemos alternarnos con nuestra pareja para que cada uno se ocupe de un niño en los momentos de aseo o de ir a la cama.

Así, si hoy bañas al pequeño mientras tu pareja acompaña al mayor, mañana puede hacerse a la inversa. En estos casos es importante que se respeten las mismas rutinas y consignas. Si tu pareja permite que vuestro hijo mayor se enjabone la cabeza él solo, hazlo tú también de esta manera. El niño sabe que está con vosotros, pero que las cosas se hacen independientemente de si está con su padre o con su madre, y eso favorecerá enormemente la autonomía y la consolidación de cualquier norma.

Esta organización, costosa cuando nunca la hemos puesto en práctica, nos permite sentir que controlamos el tiempo, aunque estemos continuamente ocupados. La mayoría de los padres tenemos la sensación de que todo va muy rápido. Estamos deseando acostar a los niños para recoger un poco, preparar las cosas del día siguiente, hablar de nuestras cosas, cenar, etc. Esa ansiedad suele llegar a los niños que, por ejemplo, viven el momento de ir a la cama como «se quiere deshacer de mí». El horario contribuye a eliminar esta tensión, siempre que lo vivamos como una ayuda y como algo que nos permite mantener una relación más relajada con nuestros hijos.

Lo más probable es que ellos protesten menos con una buena organización y eso relaja a cualquiera.

Algunas consideraciones sobre los horarios:

• Cuida especialmente los momentos de alimentación y descanso. Cuando un niño ha comido y dormido bien, está mucho más tranquilo y feliz.

• El horario debe cubrir principalmente las necesidades de los niños y no supeditarse a las del adulto. Si tu hijo necesita dormir diez horas, debes asegurarte de que se acuesta a la hora que le permite descansar ese tiempo. Y si ese día no puede ver a su padre/madre porque vuelve tarde del trabajo, pues no pasa nada, le verá al día siguiente.

• El horario debe respetarse. Es cierto que debemos ser flexibles con el tiempo y no agobiarnos cuando se modifica, pero no podemos dejar que el horario dependa, por ejemplo, de nuestro estado de ánimo. Si solemos acompañar a los niños a la cama en torno a las nueve y hoy estamos muy cansados porque hemos tenido un día duro, no podemos cogerles sin más y meterles en la cama una hora antes; ni permitirles que se queden hasta las diez porque hoy nos apetece jugar con ellos. Si les «enseñas» que el horario se puede cambiar porque sí, entonces ellos también «exigirán» esos cambios cuando les apetezca.

• Es importante que el horario esté consensuado y sea respetado por todos. Los niños deben aprender que determinadas cosas se hacen independientemente del adulto que esté con ellos.

• Anticipa a los niños el cambio de actividad. El horario es una ayuda siempre que no funcione a toque de corneta. Es necesario que el niño conozca con un mínimo de antelación lo que va a suceder después. Ten en cuenta que tu hijo pequeño no entiende ni de horas ni de relojes y que eres tú quien va poniendo ese conocimiento con las rutinas. Y es normal que no deje los juguetes y salga corriendo al baño a la hora que has fijado. Necesita que le avises que vais a bañaros con un poco de anticipación. Basta con que le digas: «Dentro de un ratito vamos a bañarnos» y se lo recuerdes una vez más con alguna otra instrucción: «Vamos a bañarnos dentro de poco; es hora de recoger los juguetes».

• Intenta que el horario incluya un tiempo para ti y para tu pareja. Seguramente te parece imposible; a veces no se cuenta con suficiente ayuda y las demandas de los niños son muchas. Pero si hay un tiempo organizado en el que tu pareja juega con tu hijo, a lo mejor puedes ponerte a leer un rato o hacer algo que te apetezca. Y si podéis tener un rato después de acostar a los niños para charlar y estar juntos, pues mucho mejor.

Poniendo límites

Además del horario, es conveniente que en nuestro hogar existan una serie de normas que contribuyan a un crecimiento sano de nuestros hijos, y al desarrollo de una convivencia adecuada.

Algunos padres piensan que sus hijos no son capaces de entenderles hasta que no han adquirido un nivel suficiente de lenguaje. Pero lo cierto es que los niños, antes de pronunciar cualquier palabra, son capaces de comprender muchos mensajes.

Para que sean realmente útiles las normas deben ser:

- **Claras y sencillas.** No pierdas el tiempo con demasiadas instrucciones, pues lo más probable es que tu hijo pequeño no las entienda. Y cuando son mayores, si nos alargamos demasiado con las normas, podemos caer en el error de sermonearles continuamente. Así que, si ese objeto no se toca, dile: «Eso no se toca» en lugar de: «¡Estoy harto de que toques todo lo que encuentras! ¡Deja eso inmediatamente en su sitio si no quieres tener problemas!».
- **Coherentes.** Es importante que no sean el resultado de un impulso o una improvisación. Las normas deben pensarse para no aplicarlas de forma arbitraria.
- **Descritas con sus consecuencias.** Tu hijo debe aprender qué pasa si no cumple con la norma. Las consecuencias deben estar claramente definidas y ser conocidas por todos.
- **Firmes.** Como veremos más adelante, el tono de voz con el que te diriges a tu hijo va a ser fundamental para transmitirle la importancia de la norma. Ni hablar alto ni de forma agresiva conseguirá mayor efecto que si te diriges a él de una forma clara y firme.
- **Para todos.** Todos debemos cumplirlas. De nada servirá que le digas a tu hijo que hay que comérselo todo si a ti no te gusta la mayoría de los alimentos o que debe leer si tú no coges un libro. Tú eres el ejemplo. Por otro lado, las normas no son personalizadas. Si nadie puede gritar, no se lo puedes permitir ni a tu hijo pequeño ni al mayor.
- **Necesarias y suficientes.** Elaborar un gran número de normas no garantiza que tu hogar vaya a funcionar mejor. Es esencial que dediques un tiempo a elegir aquellas normas especialmente importantes en tu casa, entre las que conviene

destacar: el respeto hacia los demás y las cosas, contribuir al orden o responsabilizarse de las tareas asignadas.

• **Adaptadas al grado de maduración de tus hijos.** Cada niño tiene su propio ritmo de desarrollo y aceptarlo es fundamental para ir exigiéndole cosas. Cuando establezcas las normas piensa en lo que tu hijo puede hacer; si le pides más, corres el riesgo de que no lo consiga y eso aumentaría su inseguridad y frustración (además de convertirse en una lucha continua); si le pides menos, estarías favoreciendo la sobreprotección e impidiéndole crecer con confianza en sí mismo.

¿Quién pone las normas?

Las normas las pone el adulto. Tú eres quien sabe lo que quieres enseñar a tu hijo, aunque a veces te surjan dudas sobre el modo de conseguirlo.

La mayoría de las veces hemos tenido poco tiempo para pensar sobre todo esto. Por eso, antes de precipitarse, es conveniente reflexionar sobre lo que deseamos conseguir. Para ello:

• Valora lo que has recibido de tu educación y utiliza aquello que te ha sido útil. Recuerda la manera en la que tus padres te educaron y *rescata* lo que te ha ayudado a sentirte bien y a confiar en ti mismo. A lo mejor te ayudó que tus padres te enseñaran a cuidar los juguetes o a no conseguir todo aquello que pedías. También piensa en aquello que consideres que se podía haber hecho de una manera diferente para no repetirlo con tus hijos.

• Utiliza otros modelos. A lo largo de tu vida habrás encontrado otros estilos educativos (observando a otros padres, experiencia con maestros, etc.). Sírvete de lo que has visto para aplicarlo a tu forma de educar.

• Intenta tener claros los valores que deseas transmitir. Si por ejemplo para ti la sinceridad y el respeto son importantes, dales cabida en tus normas.

• Lee e infórmate. Existen estrategias y técnicas específicas que nos ayudan a acercarnos a los niños para participar en su proceso educativo.

En la elaboración de las normas es imprescindible que haya consenso entre los adultos que educan al niño. Para lograrlo es necesario hablar con las personas implicadas, intentando encontrar lo que realmente es mejor para el menor. Si a tu hijo lo cuidan abuelos u otras personas, comunícales cuáles son las normas y qué vais a hacer cuando se cumplan y cuando no.

Habla con tu pareja sobre lo que consideráis importante en la educación de vuestro hijo y estableced la manera de conseguirlo. No se trata de imponer nuestra forma de entender las cosas. Cada uno de vosotros ha sido educado en un contexto diferente y posiblemente hayáis vivido situaciones distintas. Intentad llegar a un consenso.

A veces ayuda hablar con otras personas (padres, profesores, psicólogos, etc.) pues nos dan pistas sobre la manera de abordar determinadas situaciones. Es cierto que sólo si estamos convencidos de que pueden ser útiles podremos asumir los consejos y orientaciones de los demás, por lo que es importante mantener una actitud abierta y reconocer que existen otros puntos de vista y maneras de hacer las cosas.

Cuando hayáis decidido las normas que queréis que regulen vuestra familia, deberéis hacer lo posible para mantenerlas. Es importante que las personas implicadas en la educación del niño sean constantes en la aplicación de las normas y así evitar que el niño reciba mensajes contradictorios.

Aunque cada familia pone las suyas, está claro que existe una serie de normas imprescindibles para garantizar la convivencia y un adecuado desarrollo de los niños. Son normas esenciales:

• Las que respetan sus necesidades básicas: horas de comer y de ir a la cama, fundamentalmente.

• Las que le enseñan a respetar a los demás y a las cosas: no se insulta, ni se grita, ni se pega; no se tiran las cosas ni se rompen los juguetes...

• Las que permiten un adecuado desarrollo de su autonomía: dejamos que los niños hagan solos lo que pueden hacer por sí mismos.

• Las dirigidas a repartir las responsabilidades entre los miembros de la familia.

Muchas veces nos cuesta imponer las normas porque no estamos plenamente convencidos de ellas. Si tienes dudas en cuanto a una norma en concreto, revísala para ver qué está fallando. Si tú no lo tienes claro, lo más probable es que tu hijo perciba esa inseguridad y no consigas instaurarla.

En ocasiones lo que sucede es que nos sentimos demasiado presionados por los demás. Por ejemplo, tenemos claro que no podemos comprar a los niños todos los juguetes que nos piden. Sabemos que de hacerlo aprenderán poco sobre la importancia del esfuerzo y les costará aceptar que no se puede conseguir todo lo que se desea. Pero recibimos una fuerte presión para comprar y comprar. La publicidad de la tele es continua, los juguetes están accesibles en cualquier temporada, parece que no eres un buen padre si no le compras algo por haberse portado bien en casa, etc. Debemos estar atentos a todas estas presiones y evitar que sigan influyendo en lo que nosotros deseamos conseguir.

Una vez más: tú eres el adulto y pones la norma. Debes pensar en ella, conviene que hables con otras personas y te informes y que llegues a un consenso, pero todo debe partir de tu deseo pues tú eres quien educa.

Tu hijo, en cuanto pueda, empezará a mostrar negación hacia la norma. Alrededor de los 2 años puede empezar a decirte a eso que NO. Deberás creerte que realmente eres tú quien dice lo que se puede o no se puede hacer, aunque te cueste, aunque te parezca que le estás haciendo daño... Pero tu hijo necesita saber que eres tú quien pone las normas, pues eso le permite desarrollarse en un entorno seguro. A medida que vaya creciendo y aumente su capacidad de razonar podrá ir participando en la elaboración de esas normas y, ya adolescente, incluso deberéis intentar llegar a acuerdos sobre las mismas.

En algunos momentos será necesario insistir en unas normas determinadas frente a otras. Una vez conseguidas, es posible que surjan nuevas situaciones a las que haya que poner reglas. Y es que la vida no es siempre igual, por eso las normas se pueden ir modificando y adaptándose a las nuevas situaciones.

Cuando las normas se han vivido de forma razonada y coherente acaban teniendo validez para tu hijo no sólo porque tú lo dices, sino porque él las considera importantes.

¿Qué hacer cuando tenemos hijos de diferentes edades?

Las normas básicas pueden y deben ser comunes. Está claro que no todos los hijos se deben acostar a la misma hora, pero tus hijos pueden aprender que la norma no es la hora en sí, sino que cada uno tiene un momento para irse a la cama.

Las normas de respeto hacia las personas y las cosas son para todos, así como aquellas dirigidas a cumplir con las responsabilidades de cada uno. Es conveniente que cada uno sepa que debe contribuir con algo para que la casa funcione bien. A veces conviene ponerlo por escrito en un lugar visible para todos: ¿de qué se ocupa papá o mamá o el hermano mayor? Cada uno tendrá tareas en función de su edad y de sus capacidades.

¿Cómo y cuándo poner las normas?

Los límites y las rutinas deben estar presentes en nuestro hogar desde que el niño nace. Las necesidades básicas del bebé van estructurando una serie de acciones que se repiten en el día a día.

A medida que va adquiriendo nuevos comportamientos nos vamos dando cuenta de que es necesario ir poniendo límites. Así, por ejemplo, cuando empieza a desplazarse y empezamos a quitar todo lo que se le puede caer encima, también le vamos avisando del peligro y haciéndole ver que hay cosas que no puede tocar.

En ocasiones lo que ocurre es que nos parece haber llegado a una situación insostenible donde todo es un caos. La casa está totalmente desordenada, los niños se comportan de manera totalmente incontrolada, cualquier incidente nos desborda... en una palabra: no podemos más. Pues bien, incluso en estos casos, es posible recuperar o instalar unas normas.

Para hacerlo, dedica un tiempo a pensar qué es lo que quieres conseguir. No vale decir que deseas que los niños se porten bien; debes ser más específico y marcar objetivos que se puedan observar fácilmente: no vamos a gritar, no vamos a tirar las cosas, te vas a bañar solo, etc. Se trata de que marques claramente la norma, que todo el mundo sepa de qué estamos hablando.

➤ **Recuerda** que también es importante que no sean muchas. Elige aquellas que para ti son más importantes y empieza por ellas. Ya habrá tiempo de elegir otras.

Y aunque tu casa te parezca un desastre, confía en que las cosas pueden empezar a ser diferentes.

A continuación tienes un ejemplo:

Las normas de casa

- Aprendo a tratar a los demás: no insulto, no pego y no grito.
- Cuando me equivoco pido perdón.
- Cuido las cosas y las guardo.
- Veo la televisión y cuando acabo la apago.
- Ayudo a mamá y a papá a poner y a quitar la mesa; así aprendo.
- Cuando quiero salir pido permiso.

Si te ayuda, no dudes en colocar un cartel en un lugar visible de tu casa para que todo el mundo conozca lo que debe hacer, aunque claro, eso no garantiza que se cumplan. Para conseguirlo, necesitamos práctica. Además, es imprescindible que a la norma le acompañe su consecuencia (tanto positiva como negativa). Más adelante veremos algunas maneras de hacerlo.

Aceptando el conflicto

El conflicto y las dificultades del día a día forman parte de la educación. No podemos olvidar que cuando educamos estamos ante un ser humano con sus propios intereses y necesidades. Tu hijo quiere jugar y tú que se duche; tu hijo quiere ver un poco más la tele y tú, que se acueste. Cada una de las partes implicadas persigue objetivos diferentes, y puesto que somos los adultos quienes controlamos la situación, deberemos intentar que cada vez que se acerquen a aquello que deseamos conseguir les sea beneficioso.

En todo este proceso es fundamental que no vivas el conflicto como una lucha armada contra tu hijo. No se trata de ver quién gana o quién puede más, pues a rabietas es posible que nadie venza a tu hijo. Cuando pretendemos que el otro haga lo que nosotros queremos a toda costa, lo más probable es que utilicemos cualquier método para conseguirlo como gritar o agredir, y eso no es bueno para nuestro hijo ni para la relación que queremos establecer con él.

Ten en cuenta que el conflicto es lo que nos permite encontrar soluciones y madurar. En muchas ocasiones no es fácil aceptar que nuestro hijo se oponga, pues a veces lo vivimos como un desafío a nuestra autoridad. Relájate; la mayoría de las veces dice que NO como un juego, para ver qué pasa. No lo vivas como una forma de enfrentarse a ti.

Tu hijo no siempre va a obedecer a la primera; le llevará un tiempo aprender a obedecer en función de las consecuencias que tengan sus acciones. Si él te dice que NO y a ti te hace gracia, seguirá negándose a hacer lo que le pides. Y si te pones a su nivel, exigiéndole a toda costa que obedezca, lo más probable es que te encuentres con una persona mucho más cabezota que tú, que se mantendrá en sus trece hasta que tú cedas. Por eso es importante aprender a aceptar la negación de nuestro hijo (no significa dejarle hacer lo que quiera) y no vivirlo como una derrota personal.

Carece totalmente de sentido (y no es eficaz) correr detrás de él para que se siente a la mesa o arrastrarle para que se meta en el baño. Tu hijo aprenderá que las órdenes son un juego de perseguir y, normalmente, ellos juegan mejor.

En algunas familias se ha entrado en la dinámica de utilizar la fuerza física para que el niño obedezca. En cuanto se da una orden («es hora de bañarse», por ejemplo) el niño empieza a correr por toda la casa, riéndose a carcajada limpia (para él es un juego) y el padre empieza a correr detrás de él para atraparle, cada vez más enfadado.

Al final entramos en la provocación del niño, convertimos las órdenes en una lucha y eso no es educar.

Ten en cuenta que la fuerza física se agota y aunque es cierto que, en ocasiones, no queda más remedio que coger al niño para evitar situaciones peligrosas, debemos intentar utilizar estrategias que enseñen al niño a obedecer sin necesidad de que tengamos que forcejear con él para quitarle la ropa o atraparle en mitad del pasillo para meterle en la bañera. Podemos enseñarles a comportarse de otra manera con estrategias más positivas y eficaces.

➤ **Recuerda** que todo lo que hagas, digas y compartas con tu hijo debe estar lleno de afecto. Una norma expresada con autoridad puede también ir llena de afecto. Dile que le quieres, abrázale, bésale...

Capítulo III

La actitud del educador

En este libro encontrarás una serie de técnicas y estrategias que te permitirán conseguir que tu hijo participe en su proceso educativo sin tener que estar peleándote continuamente con él. Pero ninguna de ellas funcionará si como educadores no somos capaces de trabajar una serie de actitudes que nos permitan transmitir al niño la seguridad que necesita.

Si dudas, si pierdes la paciencia, si tu voz tiembla cuando le pides algo, si cedes por el cansancio, si le dices que ya estás harto o que no le quieres... vamos por mal camino.

¡Claro que somos humanos! Y en muchas ocasiones las cosas se nos irán de las manos y no saldrán como queremos, pero lo importante es que tengamos en mente esa forma de educar que queremos conseguir y que cada día estemos más cerca de lograrlo.

No somos perfectos y los niños no traen un manual debajo del brazo. Pero sí hay cosas que podemos aprender para afrontar las dificultades que vayan surgiendo.

A continuación encontrarás algunos aspectos importantes para educar con una actitud adecuada. El objetivo no es ser educadores perfectos, sino utilizar aquello que nos sirve para educar mejor.

La confianza en uno/a mismo/a

Posiblemente una de las características más importantes que debemos desarrollar, y no sólo como padres, es la de adquirir la suficiente confianza en nosotros mismos y en nuestras capacidades. Cuando estamos convencidos de que podemos, nos es más fácil lograr cualquier cosa.

En cambio, si estamos «aterrados» ante nuestros hijos, si les hemos dicho a ellos y a quienes nos rodean que «ya no podemos más» o «que no sabemos que hacer con ellos», estamos poniendo los cimientos para que cualquier intento de educar fracase.

Es cierto que algunas situaciones pueden ser muy difíciles (habrá que pedir ayuda entonces), pero aun así la confianza en que las cosas pueden ser diferentes es esencial.

Mírate a ti mismo: ¿consideras que no puedes hacer nada para cambiar la situación que se vive en tu casa o que hagas lo que hagas todo será igual? Si es así, ésta es la actitud que debes empezar a cambiar. Muchas veces el cambio puede sorprenderte. Un día tu hijo deja de gritar y la causa puede encontrarse en lo que has hecho tú: a lo mejor le has hablado más bajo, no has entrado en sus provocaciones o simplemente has jugado con él.

Así que, si quieres que las cosas cambien, introduce tú ese cambio.

El lenguaje

Los niños desde muy pequeños, prácticamente desde que nacen, son capaces de entender muchas de las cosas que quieres transmitirles. Para ellos, las palabras todavía no tienen sentido, pero sí lo tiene la manera en que les coges, les acunas o les hablas.

El tono de voz, la tensión de tus músculos, la expresión de tu cara... les dice mucho sobre ti y lo que te pasa. A los educadores nos toca aprender a utilizar todo este lenguaje no verbal para enseñar a los niños lo que queremos que aprendan.

Es esencial que a través de nuestro propio comportamiento transmitamos tranquilidad y confianza y logremos dar pistas sobre lo que deseamos conseguir; para ello:

- No vayas corriendo de un lado para otro buscando cosas o intentando resolver un montón de situaciones a la vez. El orden y las rutinas de las que hablamos en las anteriores páginas te permitirán disfrutar de la tranquilidad necesaria para poder educar otros aspectos.

• Intenta que todo tu cuerpo manifieste que controlas la situación. Los niños son muy sensibles a cualquier cambio de tu cuerpo, aunque tú no lo notes. Si te agobias porque llegáis tarde y le coges con más fuerza, si resoplas porque otra vez ha desobedecido, si le levantas la mano como si fueras a pegarle cuando se le cae el tenedor por cuarta vez... estás demostrándole a tu hijo que todo esto se escapa de tu control. En aquellas situaciones en las que más prisa tienes o más agobiado te encuentras, los niños se muestran mucho menos colaboradores. ¿Existirá alguna relación? Sorprendentemente la calma les hace sentir tranquilos y eso contribuye a que todo vaya mucho mejor.

• Utiliza tu mirada. La mirada es uno de los componentes del lenguaje no verbal que más rápidamente aprenden los niños. Mirarles es darles atención y esto es algo que buscan continuamente. Fíjate en algunos ejemplos:

— Cuando los niños conocen la norma y sus consecuencias, suele bastar con mirarles de una forma determinada para recordársela.

— Si acompañas tu mirada con una sonrisa, tu hijo entenderá que está haciendo algo adecuado y tenderá a repetirlo.

— Si le retiras la mirada, le estás haciendo ver que su comportamiento es inadecuado y que debe cambiarlo para recuperar tu atención.

• Cuida tu tono de voz. A través de la voz podemos dar a conocer no sólo lo que queremos que el otro haga, sino nuestro estado de ánimo o las consecuencias de su acción. Intenta que tu voz transmita tranquilidad. Está demostrado que los gritos continuos, además de alterarnos y ponernos nerviosos, no funcionan para atraer la atención. Busca tu tono de voz, ese con el que te encuentras a gusto y que va con tu forma de ser. Ése será el tono que tus hijos considerarán normal en ti y aprende a modularlo para diferenciar entre situaciones. Algunos padres, cuando están enfadados, hablan a sus hijos un poco más bajo de lo habitual. Pero, además de la intensidad de tu voz, hay otro componente importante. Se trata de la firmeza con la que dices las cosas. Tus hijos esperan de ti que resuelvas las situaciones, que les digas lo que tienen que hacer... y por eso necesitan un tono firme, seguro, que no se ande por las ramas ni con ambigüedades. Un tono firme no es un grito, sino una expresión sencilla y clara de lo que deseas. Es una norma que se repite. Ese tono suele ir acompañado de una mirada directa y tranquila que deja claro al niño que por ahí no se va.

Ensaya tu tono delante de un espejo o con alguien que te pueda dar pistas sobre cómo mejorarlo. Empieza practicando con las normas que quieres instalar en tu hogar: «cuando hayas recogido veremos un poco la tele» o «después de cenar nos lavamos los dientes».

Te sorprenderá lo eficaz que llega a ser ese tono tranquilo y firme. Estamos sentando las bases de una comunicación eficaz.

• Sonríe a menudo. La mayoría de las veces actuamos con un rostro inexpresivo que sólo cambia cuando nos enfadamos con nuestros hijos. Funcionamos como autómatas persiguiendo que se cumplan las normas y ya está. Pero al hacerlo nos estamos olvidando del enorme poder que tiene la sonrisa. Al sonreír le transmitimos al niño la confianza que necesita para seguir adelante, para intentarlo de nuevo. Además, nos hace cómplices de nuestro hijo y le estamos transmitiendo emociones positivas fundamentales en nuestra relación. Sonreír, sugerirle que ceda, iniciar un contacto físico en tono lúdico... son armas poderosas para acercarnos a nuestro hijo y superar situaciones de tensión.

➤ **Recuerda:** la forma de hablar es fundamental para que los niños obedezcan. Ve introduciendo pequeños cambios que te permitan sentirte más dueño de tu propia voz.

El lenguaje también es lo que decimos. Desde el momento en que el niño nace recibe una enorme cantidad de mensajes que le hablan de sí mismo, de los demás, de lo que debe hacer, de lo que está sintiendo... La mayoría de los mensajes los recibe de sus padres y educadores, pues es con ellos con los que pasa más tiempo.

Aunque parezca que no nos entiende, lo cierto es que nuestras palabras van calando en nuestro hijo creando los cimientos sobre los que se construye su forma de pensar, de sentir, de expresarse...

Los mensajes positivos, cargados de cariño, respeto y comprensión, facilitarán una personalidad confiada y madura; mientras que los mensajes negativos, que hieren o menosprecian, contribuyen a crear personalidades débiles, dependientes, etc.

Piensa en cómo te sentirías si recibieras continuamente mensajes como los siguientes:

— «Eres un desastre, un irresponsable y un desordenado».
— «No sabes hacer otra cosa que molestar e incomodar».
— «Me tienes harta: ¡déjame en paz y lárgate de aquí!».
— «Eres un mentiroso y un hipócrita».
— «Ya no me importas, no te quiero».
— «Deberías tomar buen ejemplo de tu hermano».
— «Cada día que pasa te portas peor».
— «No aprendes nunca, jamás conseguirás superar tu problema».
— «¿Es que no sabes estarte quieto, callado, etc.?».
— «¡Apártate de mi vista!».
— «Tú sigue así y nadie te querrá ni lograrás hacer amigos».

Posiblemente no muy bien. Los niños que únicamente reciben mensajes de este tipo terminan pensando que son un estorbo. Seguramente no se sentirán queridos ni valorados y su comportamiento, en lugar de mejorar, será cada día peor.

No tiene sentido educar cuando con los mensajes:

• Intentas hacer daño a tu hijo. No es cierto que para aprender haya que sufrir. Por lo tanto, es imprescindible que eliminemos los insultos.

• Le amenazas con retirarle tu cariño. ¿Qué persigues con eso? Es cierto que lo dices sin pensar y que no vas a cumplirlo, pero para tu hijo eres lo más importante y le duele que le hables así (si se lo repites muchas veces, dejará de afectarle). No le chantajees con los sentimientos. Recuerda que si tú lo haces, él aprenderá a hacerlo.

• Le tratas como un estorbo. Tu hijo es una persona valiosa. Aunque en este momento te esté persiguiendo por toda la casa para que juegues con él y tú tengas que dedicarte a otras cosas, no se merece que le trates como a un pañuelo de usar y tirar.

• Estamos comparándole con otras personas. Recuerda que las comparaciones son siempre odiosas, y más cuando en ellas salimos siempre perdiendo.

• Le estamos encajonando en el papel de malo. Si te dicen continuamente que eres un inútil, que no haces nada bien, que te portas fatal..., ¿para qué vas a cambiar?

• No le damos opciones de conseguir el éxito. Cuando repetimos a una persona que, haga lo que haga, su vida seguirá igual, que será siempre un desastre, lo más probable es que no esfuerce para conseguir nada.

Por eso, con nuestros mensajes debemos:

• Intentar que nuestro hijo se sienta valorado y querido a pesar de que hay cosas que no le salen bien o que ha hecho mal.

• Mostrarle alternativas a su comportamiento.

• Valorar sus conductas, no su persona.

• Demostrarle que confiamos en él y en su capacidad para conseguir muchas cosas.

A través de nuestro lenguaje también debemos dejar claro a los niños (y a nosotros mismos) que confiamos en nuestra capacidad para educar. Además de ese tono firme y expresiones seguras de las que hemos hablado, elimina otras como:

• «¿Me vas a hacer caso?». Con ella le estás dando la oportunidad de que te desobedezca. No le dejes elegir. Un niño que escucha continuamente esta expresión, empieza a dudar de la capacidad de su progenitor para imponerse. Recuérdale brevemente la norma; si la consecuencia está clara, no le queda otra opción que hacerte caso.

• «Si yo no quiero hacerte daño». Por supuesto que no. Pero al expresarlo, en cierto modo, le estás transmitiendo la idea de que te sientes mal. Si es así, revisa las normas y fortalece la confianza en ti mismo.

• «¿Quieres irte a la cama/venir a comer?». No le des otra posibilidad que no sea lo que hay que hacer. Transforma frases como ésta en: «Ve preparándote para ir al baño» o «Es hora de bañarse»; de nuevo, entramos en el juego de dejarle elegir el horario y eso no le ayudará a cumplirlo.

Decir las cosas una sola vez

Una de las quejas más frecuentes de los padres es que sus hijos no obedecen. «Es como si hablara con una pared», dicen algunos. Lo cierto es que es bastante normal que los niños no respondan a nuestras peticiones y no porque deseen llevarnos la contraria o poner a prueba nuestra autoridad, sino porque están demasiado ensimismados en sus cosas como para prestarnos atención. Por eso, una vez más, las rutinas nos permiten que las cosas sean mucho más sencillas.

Partimos, por lo tanto, de una idea básica: los niños no van a obedecernos sin más, pero pueden aprender a hacerlo si desde el principio tenemos claro lo que queremos conseguir.

Fíjate en una secuencia que se da con bastante frecuencia:

1. Pido a mi hijo que haga alguna cosa, como por ejemplo: «Recoge tu cuarto».

2. Mi hijo me dice: «Ya voy».

3. Vuelvo a su cuarto y las cosas siguen tiradas por el suelo. Le repito, algo más enfadada: «Recoge tu cuarto que, si no, no hay tele».

4. Mi hijo me dice: «Ya voy».

5. Es la tercera vez que regreso al cuarto y todo está sin recoger; me enfado, pego un grito y mi hijo recoge.

Con una situación como ésta todos aprendemos algunas cosas. Yo aprendo que si no le grito no consigo nada de él. Mi hijo aprende que sólo debe hacerme caso cuando me vea realmente enfadada, es decir, que no tiene por qué hacerme caso ni a la primera, ni a la segunda, pues habrá una tercera vez en la que la orden sea realmente efectiva.

Secuencias como éstas suelen repetirse en multitud de situaciones dando origen a una forma de funcionar que no es la deseable. Debemos enseñar a nuestros hijos que las normas son importantes, y no porque las digamos nosotros. Y, además, que con una sola vez que las recordemos debe ser suficiente para que se cumplan.

¿Cómo hacerlo? Es básico que actuemos y que nos aseguremos de que la norma se va a cumplir sin necesidad de perder la paciencia ni los nervios.

Cuando los niños son muy pequeños hay que acompañarles para que cumplan la norma. Así, si lo que pedimos es que recojan, deberemos estar con ellos, ayudarles un poco, intentar que se convierta en un juego y gratificarles por lo bien que lo han hecho.

A medida que van creciendo los niños deben responsabilizarse de las normas y cumplirlas aunque el adulto no esté delante. Para lograrlo, debemos asegurarnos previamente de que el niño sabe hacerlo y después, haber sido constante a la hora de aplicar la norma y la consecuencia. Si les has dicho que sólo cuando recojan podrán salir con sus amigos, echa un vistazo a su cuarto antes de salir; si está recogido podrá hacerlo, pero si no, deberá quedarse en casa recogiendo.

➤ **Recuerda:** no podemos educar desde el sofá. Algunos padres pretenden que sus hijos les hagan caso mientras ellos están en el salón viendo la tele. Creen que con gritarles un par de veces que se laven el pelo o que cierren el grifo, van a conseguir que sus hijos les hagan caso. Para educar es necesario acompañar, estar al lado del niño e ir retirando esa presencia a medida que va logrando autonomía.

Para dirigirse al niño/a

Dirígete a tu hijo con mucho respeto. Todo lo que él está aprendiendo es de vital importancia para su desarrollo, aunque tarde en hacerlo o se distraiga con cualquier cosa; la lentitud forma parte de su crecimiento. Si tú le haces ver que le aceptas de forma incondicional, incluso con sus fallos y errores, le estás dando la oportunidad de sentirse una persona querida y aceptada, y eso facilita mucho su desarrollo y también vuestra relación.

No dudes en ponerte a su altura, en este caso a una altura física real, para hablar con él, sobre todo cuando quieres transmitirle cosas *importantes*. Agáchate y mírale a los ojos para recordarle una norma o darle un abrazo. Se trata de que aprendáis a miraros como iguales; además, te aseguras de que su atención está centrada en lo que le estás diciendo y que también tú estás centrado en él.

Y no le llames para cualquier cosa. Los padres solemos tener la terrible costumbre de pretender que nuestros hijos nos hagan caso cuando nosotros queremos y de que nos dejen en paz cuando no nos apetece que nos molesten. Aclaremos esto con un ejemplo. Tu hijo está jugando tranquilamente en su cuarto con sus juguetes. Tú has terminado de hacer las tareas pendientes de la casa y decides que vas a dedicarle un rato a tu hijo; le dices que si jugáis juntos y él te dice que sí. Poco después suena el teléfono y te pones a hablar durante un buen rato; tu hijo insiste para que dejes el teléfono y sigas jugando con él. Lógico, ¿no? Imagínate que algo parecido te lo hicieran a ti, posiblemente te molestaría mucho, te sentirías totalmente manipulado. A los niños les ocurre algo parecido, con la diferencia de que les cuesta mucho más aceptar los cambios. Debemos aprender a respetar lo que nuestro hijo hace y no modificarlo continuamente en función de nuestras necesidades. Y si tenemos claro que vamos a dedicarle un tiempo concreto, intentar respetarlo.

Esto no significa que haya que darle una atención exclusiva. El niño debe aprender a realizar actividades por sí mismo, incluso aprender a jugar solo. Pero si queremos que nos respete cuando estamos ocupados con otras cosas (preparando la cena, hablando por teléfono, etc.), deberemos respetar también su actividad. Y eso se aprende a través de hábitos estructurados que le permitan al niño ir organizando su tiempo.

Mucha paciencia

Los niños tienen un concepto del tiempo diferente al de los adultos. También sus intereses lo son. Nosotros estamos marcados por las prisas y por un reloj que nos dice continuamente lo que tenemos que hacer. En los niños esto no es así. Les cuesta entender que tengan que levantarse para ir al colegio o que deben dejar de jugar para irse a la cama... Y por eso se rebelan y se oponen.

Por otro lado estamos ante un niño que día a día va adquiriendo nuevas habilidades y capacidades. Observa cómo tu hijo ha aprendido a vestirse o a comer solo, y todos los obstáculos que ha tenido que ir superando para lograr que esto fuera así.

En este proceso la confianza que has depositado en él ha sido fundamental. Le has acompañado, animado y hecho ver que es posible con esfuerzo, que tú puedes ayudarle, pero que él llegará a hacerlo solo.

Y en todo este proceso es fundamental la paciencia. Los niños no nacen sabiendo cuidar de sí mismos, expresar lo que sienten o controlar sus emociones. Van a aprender a hacerlo estando contigo. Pero no son adultos; van a necesitar mucho tiempo y probar muchas veces hasta conseguir un resultado aceptable. Las cosas no les saldrán bien a la primera, ni entenderán la norma a la primera, ni sabrán frenar sus impulsos a la primera... Es más, a veces surgen retrocesos, y el niño que ya se comportaba bien en la mesa de repente deja de hacerlo o empieza a protestar a la hora del baño cuando antes nunca lo hacía.

Los padres debemos saber esperar y eso significa confiar en que aprenderá las habilidades necesarias aunque se equivoque, aunque parezca que retrocede.

Eliminando etiquetas

Las etiquetas son aquellas expresiones que utilizamos para definir a alguien. Sin darnos cuenta, continuamente estamos poniendo etiquetas a nuestros hijos. «Es tranquilo», «No sabe esperar», «Todo lo que toca lo rompe», «Es un patoso»... son algunos ejemplos y aunque en principio nos puedan parecer inofensivas, suelen tener un efecto bastante particular.

Con las etiquetas transmitimos al niño la idea de que él es así y no puede ser de otra manera. Los niños patosos terminan creyéndose que lo son y realmente su comportamiento parece confirmarlo. Pero no es que tiren más cosas que el resto de los niños, es que sus padres están más atentos a situaciones que confirmen la etiqueta que les han puesto. Así, no paran de repetirles lo patosos que son en cuanto se les cae un poco de comida o se tropiezan en la calle. Lo mismo sucede con otras etiquetas.

En ocasiones lo que ocurre es que realmente el niño termina creyéndose esa condición y comportándose como tal. ¿Para qué va a esforzarse en coger bien los cubiertos si sus padres le aseguran que no es capaz de utilizarlos de forma adecuada?

Las etiquetas de cualidades positivas son más beneficiosas, pero tampoco conviene abusar de ellas. Expresar una y otra vez que nuestro hijo es tranquilo o muy bueno nos puede llevar a la siguiente situación: ¿qué pasa cuando un día nuestro hijo pierde el control o se porta de una manera poco adecuada? Está poniendo en duda la imagen que teníamos acerca de él y entonces, ¿ya no es bueno?, ¿ya no se merece nuestro cariño?

Por eso una de las cosas que debemos aprender es a no poner etiquetas, sino hablar de conductas concretas. En lugar de «Eres un patoso» habría que decirle «Coge mejor el vaso para que no se te caiga»; en lugar de «Qué bueno eres», «Me gusta cuando compartes tus juguetes».

Tu hijo aprenderá a distinguir entre acciones adecuadas y las que no lo son, algo mucho más fácil y útil que pensar en términos de maldad o bondad.

Los niños «etiquetados», además de escuchar lo malos que son, reciben de los adultos muchas más órdenes que los demás (la mayoría negativas): «No hagas eso», «No corras», «No pegues», «No grites»... Algunas de esas órdenes les dan ideas. Fíjate en la siguiente expresión: «Cuando te vayas a dormir, no empieces a dar saltos en la cama. ¿Me has entendido?». Posiblemente al niño hoy no le apetecía demasiado saltar, pero ¡qué buena idea! No podemos adelantar acciones negativas y provocarlas haciéndole ver que le vamos a hacer caso si salta en la cama.

Para eliminar las etiquetas es conveniente empezar a descubrir al niño tal y como es, optando por descubrir cualidades y no defectos, y dándole la oportunidad de tener un comportamiento adecuado.

Ejemplo: Mi hijo es malo

Miguel tiene 5 años y una hermana de 3. Los padres manifiestan que desde que la pequeña nació, el comportamiento de Miguel ha ido de mal en peor. Empezó a gritar, a decir palabrotas, a insultar a todo el mundo, a desobedecer, a tirar las cosas... Miguel es el niño malo de la casa, frente a su hermana que hace caso, se lo come todo y recoge sus juguetes. Su madre no puede quitarle el ojo de encima pues a la mínima que se descuida ya ha hecho una de las suyas. Continuamente hay que pedirle que se esté quieto, que no toque eso, que se baje de ahí, que no rompa los juguetes... Ya no saben qué hacer con él.

▼ Observa:

• Posiblemente el comportamiento de Miguel también habría cambiado aunque no hubiera nacido su hermana. En ese momento, Miguel tenía 2 años, edad de la oposición (dicen a todo que no, se niegan a que se les ayude, quieren salirse con la suya...), del lenguaje (con lo que también se aprenden tacos), del desorden (después aprenden a ordenar)... A veces es importante saber esto para no «etiquetar» al niño con adjetivos despectivos; debemos ser conscientes de los cambios evolutivos propios de cada edad.

• Miguel recibe continuamente el mensaje de que es un niño malo, así que: ¿por qué habría de comportarse bien?

• Por otro lado los adultos sólo le envían mensajes para que no haga determinadas cosas: «no corras», «no rompas», «no digas»... Apenas hay mensajes positivos que valoren sus progresos o logros.

• Aunque podrían existir celos normales entre Miguel y su hermana, la actitud de sus padres los favorecen al estar continuamente comparando el diferente comportamiento de los hermanos en detrimento del de Miguel.

• Los padres parecen haber perdido la confianza en que las cosas puedan ser diferentes y eso no facilita un posible cambio.

▲ ¿Qué podemos proponernos?

1. Establecer normas claras de comportamiento para todos los miembros de la familia.

2. Evitar las etiquetas que cataloguen a los niños. A partir de ahora, hablaremos en términos de conductas (Miguel ha roto un jarrón) en lugar de personales (Miguel es malo).

3. Eliminar las comparaciones entre hermanos.

4. Favorecer la autonomía de Miguel haciéndole responsable de algunas tareas de la casa y estar pendiente de sus progresos para felicitarle por ellos.

5. Establecer un tiempo personal con Miguel para hacer juntos algo que le guste.

Expresión del enfado

¿Cómo hacerle ver que hay cosas que nos han molestado? Realmente no pasa nada si se le cae un vaso sin querer, pero si lo hace de forma intencionada tu hijo debe saber que está comportándose de forma inadecuada.

Dile cómo te sientes. Los niños pequeños entienden rápidamente la expresión «Mamá está enfadada». Normalmente lo acompañamos de un determinado gesto como cruzar los brazos, fruncir el ceño, indicar con el dedo que eso no se hace..., que el niño aprende a interpretar como algo negativo. En esos casos, nuestro tono de voz es firme y claro.

La expresión de enfado debe ir acompañada de una pequeña explicación sobre la causa. No tiene sentido que nos enfademos con nuestros hijos (ni con otras personas) y no les expliquemos el motivo. Diles brevemente lo que te pasa. Se trata de que utilices pocas palabras, que seas concreto con tu explicación.

No caigas en el error de martirizarles por ello. Tu hijo no es el culpable de tu enfado. Lo que te ha hecho enfadar ha sido un comportamiento determinado, pero él no es el responsable de las cosas que a ti te pasan, ni siquiera de tus sentimientos. Si ha roto algo valioso, dile que estás enfadado porque lo ha hecho de forma intencionada, pero no le sermonees diciendo que ahora te sientes fatal, que no podéis salir a ningún sitio por su culpa o que como siga así te va a hacer la vida imposible.

Demuestra tu enfado sin exagerar e impón una sanción cuando sea necesario. Siempre que sea posible, permítele que pueda hacer algo para arreglar o compensar lo sucedido. Si ha tirado el agua de la bañera, no lo recojas enfadado y de mal humor; en la medida de la capacidad del niño, permítele que te ayude; si ha tirado algo, que lo recoja; si ha pegado a su hermano, que pida perdón...

El enfado no puede durarnos todo el día ni encadenarse con nuevas situaciones. Somos adultos y debemos enseñar a nuestros hijos que es normal enfadarse pero que hay que aprender a desenfadarse. De hecho tú le pides que se le pase pronto el enfado y a veces te molesta que se enfade tan a menudo. Evita que te ocurra a ti lo mismo.

Recuerda que eres un modelo

Muchas de las cosas que tu hijo va a aprender lo va a hacer por imitación. Alrededor de los 18/24 meses los niños adquieren la capacidad de imitar modelos. Así, no dudan en repetir todo aquello que te ven hacer. Por eso es tan importante la forma en que nos comportamos.

Piensa en lo que deseas conseguir en tu hijo y mírate al espejo para descubrir cómo le estás ayudando. ¿Le estás pidiendo que no diga tacos y tú los repites sin parar?, ¿le gritas que deje de hablar fuerte?, ¿le exiges que sea organizado y tú nunca encuentras lo que necesitas?... Está claro que ninguno de nosotros es perfecto y los niños tampoco. Exígele en función de sus capacidades y muéstrale el modo adecuado de comportarse; le será mucho más fácil si ve como tú lo haces, lo dices o lo expresas.

Eliminar el cansancio

La llegada de un hijo cambia de forma radical nuestro modo de vida. Ahora debemos ocuparnos las 24 horas del día de una persona que muestra necesidades diversas y demanda una atención exclusiva. Si a eso le sumamos el ritmo que normalmente llevamos (levantarnos pronto, ir a trabajar, ocuparnos de la casa, atender a otras personas...), lo más probable es que acabemos agotados.

Y ese cansancio suele ser la principal razón por la que, en ocasiones, nos encontremos sin fuerzas para atender las exigencias que conlleva educar. Es como si dejáramos hacer porque ya no podemos más.

Con tal de que deje de llorar, le ponemos la tele; para que coma, le damos lo que nos pida; para que se duerma, le dejamos en nuestra cama... Y es que educar es cansado y exige sacar fuerzas de donde a veces no las hay.

Por eso es lógico que muchos padres se muestren desconfiados cuando se encuentran con libros como éste, llenos de consejos, estrategias o técnicas. Piensan que nada de lo que se les dice se puede aplicar a su caso. El cambio de mentalidad es, como ya hemos visto en otras ocasiones, fundamental para lograr una relación diferente con nuestros hijos. Como también lo es empezar a superar ese cansancio. Pero ¿cómo hacerlo cuando estamos todo el día ocupados?

• Es fundamental la organización. Sí, es cierto que al principio cuesta, pero ayudará a todos. Si sabes en todo momento lo que hay que hacer, si a la hora de vestirse encuentras todo lo que necesitas y no deambulas por toda la casa intentando encontrar una zapatilla o el peine... todo será más fácil. Por eso no nos queda más remedio que buscar un hueco en nuestra agenda para ordenar (pensar en el horario y colocar las cosas). Y no valen excusas. Pide a alguien que se quede con los niños durante un rato si es necesario y ponte manos a la obra.

• Organiza el espacio: intenta que cada cosa esté en el sitio en el que deseas que esté. Te será más fácil localizar lo que necesites. Y enseña a tus hijos a respetar esos espacios. Decide dónde se colocan los juguetes (y dónde se juega), dónde poner los libros, los objetos de aseo, etc. Dedica tiempo para que tus hijos aprendan a devolver las cosas a su lugar una vez que se han utilizado. Como te podrás imaginar puede ser una tarea inacabable y aunque es cierto que tienes que insistir para que cada cosa esté donde debe, también puedes aprender a decir las cosas una sola vez, estableciendo claramente las consecuencias cuando las cosas no están en su sitio.

• Simplifica. Tu casa no es la misma que cuando no tenías hijos y muchas de las cosas que antes nadie tocaba, ahora peligran continuamente. Si quieres evitarte el tener que estar continuamente preocupado por lo que se pueda romper, no te queda otra opción que recoger y guardar, cambiar de lugar, etc. No se trata de que tu casa esté acolchada, pues los niños también deben aprender a convivir con objetos delicados y a cuidarlos, pero si vuelves a decorar algunos espacios, todo será más fácil.

También debes simplificar las actividades. No puedes tener el mismo nivel de exigencia para ciertas cosas, así que no merece la pena agobiarse. Intenta hacerte la vida más fácil, por ejemplo:

— Eligiendo ropa cómoda para los niños, que ellos mismos puedan ponerse y quitarse sin demasiada complicación. Te evitarás tener que estar siempre pendientes de ellos.

— Guardando las cosas que no utilices. Contribuirás a que todo esté más ordenado, puedas encontrar mejor las cosas, tengas menos que limpiar...

— Organizando las comidas para no tener que estar todos los días haciendo la compra o cocinando.

• Distribuye responsabilidades. Siempre que puedas, cuenta con otras personas que puedan ayudarte. No eres peor padre o madre si delegas algunas tareas y te sentirás mucho mejor y más descansado si tú no debes ocuparte de todo. A veces no es posible contar con los demás, pero otras sólo es cuestión de dedicar un tiempo a pensar y buscar alternativas creativas (a lo mejor hay otros padres en tu misma situación que viven en tu calle y podéis ayudaros mutuamente para atender a los niños).

• Saca un tiempo para ti. Es complicado disponer de un tiempo para uno mismo sobre todo cuando los niños son muy pequeños, pero no te olvides de que se convierte en algo importante y que debes reconquistarlo para sentirte más tranquilo. También es esencial poder dedicar un tiempo a la relación de pareja, no sólo para llegar a acuerdos sobre la educación de los hijos, sino también para seguir fortaleciendo la comunicación y la confianza, ya que contribuirá al bienestar de toda la familia.

A pesar de todos los esfuerzos que realices para organizarte, lo más seguro es que te sigas encontrando cansado (mucho menos que si no estuvieras organizado); pero es que educar es agotador. Lo importante es buscar claves para que no llegue a convertirse en una tarea extenuante y que, por encima de todo, puedas disfrutar de la relación con tus hijos.

Educando juntos

No podemos perder de vista que educar no es fácil. Hacerse cargo de uno, dos o tres niños es una de las tareas más estresantes con las que un adulto puede encontrarse. Y no es culpa de nadie (ni de los niños ni de los adultos). Simplemente debemos estar pendientes las 24 horas del día de las necesidades de las personas que tenemos a nuestro cargo, y eso es duro, entre otras cosas porque normalmente somos responsables de otras muchas tareas. Sin darnos cuenta, esa tensión puede provocar más de una discusión entre los miembros de la pareja, haciendo tambalear la relación más consolidada.

Por eso es importante que seamos conscientes de las dificultades, que entendamos que el niño va a cambiar y que también lo vamos a hacer nosotros y que en todo este proceso la unidad de criterios y la estabilidad de los padres van a ser de gran ayuda.

Uno se siente mejor si está acompañado, si se siente apoyado. Ante la paternidad no podemos lavarnos las manos y decir que dar de comer es cosa de mujeres o que ya se encargará el hombre de poner orden cuando el niño se porta mal. Tanto el padre como la madre deben tener la misma autoridad ante sus hijos y desempeñar las mismas tareas para atenderles.

Está claro que puede haber un reparto de funciones: que uno de los dos se encargue de preparar las comidas, de estar pendiente de la ropa, de acudir a las entrevistas del colegio... pero que ese reparto no dependa del sexo ni recaigan todas sobre la misma persona (al menos de una forma no consensuada). Es esencial estar disponible para atender a los niños en la medida de las posibilidades (fundamentalmente del tiempo disponible que deje el trabajo) y no dejar que sea el otro el que se encargue de todo alegando que tiene más habilidades.

¿Aquí quién manda?

Con bastante frecuencia podemos encontrarnos familias en las que la autoridad recae de forma específica sobre uno de los progenitores. El padre o la madre demuestran tener más poder sobre sus hijos y éstos les obedecen sin rechistar. Es importante reflexionar sobre el estilo educativo que está utilizando para no caer en autoritarismos y aprender a utilizar estrategias adecuadas.

Cuando nuestra pareja demuestra tener muchísima más habilidad que nosotros para conseguir que nuestros hijos obedezcan, podemos recurrir a la estrategia fácil de amenazar a nuestros hijos cuando se portan mal diciéndoles: «Ya veréis cuando venga papá/mamá». Y mientras llega ese momento los niños aprenden a moverse en un entorno totalmente permisivo en el que pueden hacer lo que les venga en gana sin ningún tipo de sanción. Si tú sientes que no tienes autoridad, aprende a tenerla. Es cuestión de práctica y los consejos sobre cómo debes expresarte te serán de gran utilidad. Decir a tus hijos que tu pareja impondrá el castigo es reconocer que tú no eres capaz de hacerte con ellos. Y lógicamente tus hijos aprovecharán tu debilidad para salirse con la suya y portarse mal.

Por otro lado, si tú eres la parte con autoridad, permite a tu pareja que fortalezca la suya. Apóyale cuando da una norma y anímale a que imponga las sanciones cuando sea necesario sin intervenir. De esta manera, irá logrando mayor control sobre las situaciones y fortaleciendo la confianza en que es capaz de hacerlo.

Para lograr todo esto es esencial que habléis mucho entre vosotros. No dudéis en comentaros vuestras dificultades y en pedir ayuda al otro cuando la necesitéis. No sois peores padres porque vuestra pareja sepa poner orden o logre que los niños obedezcan. La mayoría de las veces esta habilidad está relacionada con la confianza que cada uno tiene en sí mismo.

Lo mismo puede ocurrir con otras muchas habilidades. Dejamos que las madres se ocupen de hablar con los hijos y los padres de tomar decisiones. Recuerda que esto no tiene por qué ser así y que resultará mucho más enriquecedor para todos si estáis disponibles para atender cualquier necesidad de vuestros hijos. Además, si ellos ven que los dos sois corresponsables de su educación, aprenderán que no existe diferencia entre los géneros y tendrán más habilidad para asumir su papel de padres en el futuro.

Capítulo IV

Fomentar las buenas conductas

Aunque en estos momentos pueda costarte reconocerlo, lo cierto es que tu hijo se porta bien. Seguro que a lo largo del día surge un comportamiento adecuado, por muy insignificante que te parezca. A lo mejor te ha dicho buenos días cuando se ha levantado o ha recogido los juguetes cuando ha terminado o se ha lavado los dientes sin que se lo recordaras. Pues bien, ahí es donde debemos centrar nuestra atención para empezar a fomentar su autoestima y hacerle ver que él es capaz de muchas cosas si se lo propone.

Debemos empezar a mirar el mal comportamiento como la excepción y no a la inversa. De esta manera, con un cambio de actitud, nos será mucho más fácil estar atentos a los progresos y a las acciones adecuadas que realizan nuestros hijos.

A continuación encontrarás una serie de técnicas, claves y estrategias que te ayudarán a que las buenas conductas se inicien y se mantengan.

Prestar atención. La alabanza

La atención es la mejor estrategia que poseemos como educadores. Nuestros hijos nos demandan: quieren que les hagamos caso, que juguemos con ellos, que estemos pendientes de sus progresos, que les ayudemos, que les escuchemos...

Cuando atendemos una conducta, una palabra o un gesto, contribuimos a que se mantenga. Si sonreímos al niño pequeño que tira una cuchara al suelo, lo volverá a repetir. Si nos reímos cuando dice un taco, lo dirá de nuevo. Si le miramos con entusiasmo cuando empieza a vestirse solo, querrá seguir haciéndolo.

La atención por tanto nos ayuda a reforzar todo lo que el niño hace o dice, tanto si la conducta es adecuada como si no lo es.

Por eso es importante que tengamos claro qué es lo que queremos favorecer. Si deseamos que el niño no diga palabrotas deberemos aprender a pasar de ellas, incluso evitando que nos sorprenda.

Ahora bien, es cierto que hay conductas que no podemos permitir bajo ningún concepto y no suele ser fácil ni conveniente pasar de ellas. Si un niño decide ir corriendo sin control por la calle o jugar con cuchillos en casa, debemos intervenir. En las siguientes páginas encontrarás diferentes técnicas para tratar estas situaciones.

Ten en cuenta que la preocupación es el mejor refuerzo para el niño. Si tu hijo no come y tú hablas del tema con todo el mundo delante de él, si intentas prepararle las cosas que le gustan para asegurarte de que prueba bocado, si juegas a mil cosas con él para que abra la boca, si te agobias con el tema... lo más probable es que tu hijo mantenga su actitud, entre otras cosas porque así se asegura de que estás continuamente pendiente de él. Es cierto que no se le puede decir a un padre que no se preocupe sin más, pero relativizar algunas situaciones ayuda a que dejen de ser un problema.

Por otro lado, prestar atención nos ayuda a potenciar las conductas que son adecuadas. Si deseamos que nuestro hijo desarrolle su lenguaje, su autonomía, etc., debemos prestarle atención y alabar todos los progresos que realice.

Los niños necesitan de esta motivación exterior para avanzar en su crecimiento. Las personas adultas, por lo general, no necesitamos que nos digan continuamente que lo estamos haciendo bien, aunque lógicamente se agradece el reconocimiento que podamos recibir de quienes nos rodean. En cambio, los niños demandan esta información pues les permite aumentar la seguridad en sí mismos y contribuye a un desarrollo adecuado de su autoestima.

A medida que crecen, los niños van independizándose de esa alabanza externa y son capaces de motivarse y felicitarse a sí mismos por los logros obtenidos.

¿Cuándo y cómo elogiar?

Tu hijo va a buscar tu aprobación. Que tú le digas que algo que ha hecho está «muy bien» es uno de los mejores premios que puedes darle: le hará sentir orgulloso, fomentará su sensación de control y favorecerá el desarrollo de la seguridad en sí mismo.

Ahora bien, debemos tener en cuenta lo siguiente:

• Elogia a tus hijos cuando hayan conseguido algo y no simplemente para hacer que se sientan bien. No podemos decir a un niño de 6 años que ha hecho una raya en una hoja que nos encanta el elefante que ha dibujado (a no ser que se trate de un caso especial). El niño no confiará en el adulto si éste continuamente le está elogiando.

Si reforzamos a nuestro hijo por esa raya le estamos apoyando en la ley del mínimo esfuerzo; es como si le estuviéramos diciendo: da igual cuánto te esfuerces, a mí me parecerá siempre estupendo.

Por otro lado, a los niños no les gusta que les mientan. En ocasiones pueden enfadarse muchísimo cuando a pesar de sus esfuerzos no consiguen, por ejemplo, atarse los cordones de los zapatos. Por mucho que les digas que lo están haciendo bien, no encontrarás otra respuesta que su enfado y protesta. Hazles ver que lo que importa es intentarlo y que cada día las cosas les saldrán mejor si practican; ofrécete a ayudarles, enseñándoles cómo hacerlo.

• Alaba también los progresos. No es fácil aprender a atarse los cordones de los zapatos y no debemos esperar a que lo haga perfectamente para premiarle; hay que ir alabando las conductas que se aproximen al objetivo para que el niño se sienta apoyado en sus esfuerzos.

• No hay que ocultar el fracaso. Las cosas no siempre salen bien: a veces porque no nos esforzamos, otras porque intervienen otros factores (ese día no habíamos dormido bien). Si un niño fracasa en una determinada tarea, debemos seguir animándole e intentar dividir la tarea complicada en pasos más sencillos que el niño pueda ir consiguiendo sin sentirse frustrado en cada momento.

La importancia de la autoestima

La autoestima es uno de los aspectos más importantes en el desarrollo del niño. Este concepto hace referencia al cariño que cada uno siente hacia sí mismo. Cuando la autoestima es baja, el niño se ve como alguien que no se merece el cariño de los demás, se siente poco capacitado para realizar cualquier acción (piensa que es un inútil) y suele adoptar comportamientos que le protegen de esa imagen (dice que no estudia porque se lo sabe todo, pero lo cierto es que tiene tantas dificultades que no se puede permitir otro fracaso).

Sin confianza en uno mismo, sin la sensación de quererse y de ser querido, nadie es capaz de disfrutar de la vida, ni de emprender acciones que le permitan superarse, ni de adoptar comportamientos adecuados, etcétera.

Para que la autoestima sea positiva es esencial que padres y educadores favorezcamos una imagen positiva y transmitamos al niño la seguridad y la confianza que necesita.

Los sentimientos que se encuentran en la base de un nivel adecuado de autoestima son los siguientes:

- Sentirse a gusto consigo mismo.
- Saberse importante para un ser querido. El niño necesita saber, sentir y experimentar que es esencial para otra persona, para alguien significativo.
- Considerarse a sí mismo capaz de logros valiosos y meritorios. A través de las acciones que realiza en el día a día, el niño debe tener la oportunidad de demostrar sus habilidades, de sentirse capaz de superar las dificultades, de progresar en autonomía...
- Tener un alto nivel de competencia. Cuando la autoestima es alta el niño se siente capaz de afrontar nuevos retos.

Todos estos sentimientos están íntimamente relacionados y en todos ellos el papel del adulto es fundamental. Somos nosotros quienes proporcionamos cariño al niño y le hacemos sentir valioso. Con esta «aportación» tu hijo emprende las diferentes actividades con confianza y eso posibilita el que pueda obtener buenos resultados.

La autoestima, el valor que se da a sí mismo, va a depender de:

• *Los comentarios, actitudes y sentimientos que tú y otras personas significativas le transmitáis.* Si confías en él, si le haces ver sus progresos, si le apoyas ante las dificultades, si le ayudas a limar defectos..., entonces su autoestima será alta y se sentirá seguro y confiado.

• *Las posibilidades de efectuar con éxito las actividades que realiza.* Tu hijo necesita comprobar por sí mismo que es capaz de hacer cosas. Por eso necesita acción, realizar actividades. En este sentido no cabe protegerle por miedo a que se haga daño, se caiga o lo haga mal. Puede aprender a realizar muchas cosas si se lo permites. Pero si no hace nada, nunca tendrá la oportunidad de comprobar por sí mismo que lo puede hacer o mejorar.

Sin darnos cuenta podemos decirle: «Eso es muy difícil» o «Tú eres como yo, un inútil para el deporte» o «Mejor que ni lo intentes, ya viste lo que te pasó el otro día»... Mensajes como éstos desaniman, impiden que el niño practique o desarrolle sus habilidades. No es que lo haga mal, simplemente no le damos la oportunidad de intentarlo.

• *La forma en que interpreta sus éxitos y sus fracasos.* Algunos niños aprenden que hagan lo que hagan las cosas les saldrán mal. Se convierten en pesimistas porque no confían en sus posibilidades.

Cómo favorecer la autoestima

• *Acepta a tu hijo tal y como es.* Posee unas cualidades y unos defectos, como todo ser humano. Y sobre todo tiene ante sí un montón de posibilidades que tú puedes ayudar a potenciar.

• *Es fundamental estar atento a la conducta del niño.* En muchas ocasiones nos fijamos sólo en aquello que no hace bien. Las «malas» conductas llaman poderosamente nuestra atención. Observa como, de hecho, solemos ir a hablar con el profesor cuando nos llaman por un comportamiento inadecuado. Parece que la buena conducta no es importante.

• *El siguiente paso es reconocer lo bueno.* Debemos mostrar al niño que conocemos sus habilidades, cualidades y capacidades. No se trata, desde luego, de reforzar todo aquello que hace. Se trata de reforzar aquello que realmente merece ser alabado.

Es necesario que empieces a mirar a tu hijo con otros ojos, una mirada que te permita descubrir todo lo bueno que hay en él y optar por ver los comportamientos inadecuados como excepciones.

• *Es importante enseñar a entender las dificultades como retos y los fracasos como parte del aprendizaje.* Cada día se le presentan al niño actividades que, por novedosas o diferentes, conllevan cierto grado de dificultad. Debemos animarle a que las realice y lo haga con esfuerzo. Carece de lógica llevarlas a cabo por él, ya que es el niño quien debe aprender. Y en este proceso es esencial que tu hijo sepa que pueden surgir nuevos problemas y que las cosas no siempre le van a salir bien a la primera o como él desea, pero que en esos casos deberá mantenerse firme y utilizar los errores como parte del aprendizaje.

• *Hay que proporcionar situaciones en las que sea posible el éxito.* Son necesarias actividades no demasiado fáciles para que el niño no se desmotive, ni demasiado difíciles para que no se agobie. Además, así consigue ser más hábil y mejorar en las diferentes tareas que debe llevar a cabo. La práctica le permitirá desarrollar un alto nivel de competencia. Si, por ejemplo, no hace su cama, lee o escribe con frecuencia, etc., nunca logrará dominio y habilidad.

• *Muestra interés por lo que es y lo que hace.* Eso le permitirá aprender a valorar su vida. Tu hijo necesita saber que es alguien valioso y tú eres quien mejor puede proporcionarle este sentimiento. Pero no olvides que los cumplidos deben ser realistas. Estás educando a tu hijo y cuando hace algo que no es adecuado debes decírselo. No hay que felicitarle por todo. Tu hijo tiene que confiar en ti y si tú no le corriges, si consideras que todo lo hace bien y exageras los *piropos,* éstos dejarán de ser un refuerzo para el niño.

• *Y, sobre todo, quiérele.* Desde el cariño todo resulta más fácil. Demuestra a tu hijo que es un ser querido para ti, que le aprecias por ser como es independientemente de que haga las cosas mejor o peor.

➤ **Recuerda** que la autoestima guarda una estrecha relación con el esfuerzo. Los resultados más gratificantes se obtienen cuando nos empleamos a fondo en una tarea que suponía para nosotros un reto. Por eso, debemos proporcionar a nuestros hijos actividades que se ajusten a su nivel de competencia y que les permitan demostrar todas sus potencialidades.

Ejemplo: Mi hijo es un mal estudiante

No hay manera de que Roberto estudie. Tiene 9 años y desde siempre se han quejado en el colegio de que es un mal estudiante, que no se concentra, que no pone interés. Su padre le entiende, pues a él nunca se le han dado bien las cosas del colegio. Cuando su madre se pone a trabajar con él, Roberto se niega, dice que eso ya se lo sabe. A Roberto se le da bien el deporte y sus compañeros siempre le eligen para jugar al fútbol.

▼ Observa:

• Roberto ha recibido, desde que era muy pequeño, el mensaje de que es un «mal estudiante». Sus profesores se lo han dicho continuamente, su padre lo refuerza con su actitud... ¿Para qué va a esforzarse si está encasillado?

• Roberto está evitando nuevas situaciones de fracaso. Realmente no se sabe la lección, pero le resulta mucho más «sano» decir que sí que admitir que no tiene ni idea. No es agradable reconocer una y otra vez que se tienen dificultades. Roberto no se da la oportunidad de aprender porque le es mucho más cómodo esto que enfrentarse a un nuevo fracaso.

• Roberto destaca en el deporte y se apoya en esta faceta para compensar la falta de confianza que le generan las tareas escolares.

▲ ¿Qué podemos proponernos?

1. A partir de ahora dejaremos de referirnos a Roberto como un mal estudiante. Necesitamos la colaboración del colegio para empezar a tratar a Roberto de una manera diferente. Ha tenido dificultades hasta ahora, pero no podemos quedarnos en lo que no sabe hacer, sino en lo que puede llegar a hacer.

2. Sería conveniente tener una valoración profesional de las dificultades concretas del niño, pues eso nos permitiría conocer las estrategias para intervenir.

3. Hay que graduar las tareas para que Roberto se dé a sí mismo la oportunidad de éxito. Será necesario bajar el nivel con respecto a sus compañeros de clase, pero el niño necesita empezar a darse cuenta de que si quiere puede leer, escribir, resolver problemas, etc. Si durante cierto tiempo no se le ha apoyado en lo escolar, necesitará otro tanto para ponerse al día. Es decir, habrá que dividir las tareas en actividades sencillas que le permitan ir progresando paulatinamente e ir percibiendo que puede aprender y conseguir pequeñas metas con su esfuerzo. El papel de los padres y de los profesores va a ser fundamental.

4. Cuando Roberto haya terminado sus actividades escolares de forma adecuada, entonces podrá hacer algo que le guste.

➤ **Recuerda** que nuestro objetivo es intentar aumentar su motivación y hacerle ver que con su esfuerzo puede. En este sentido, las etiquetas son sólo un obstáculo.

La aportación del optimismo

Autoestima y optimismo están íntimamente relacionados. Cuando uno siente que es capaz, entonces puede optar por centrarse en los aspectos positivos de lo que le sucede y eso nuevamente contribuye a que la confianza en uno mismo vaya en aumento.

Ser optimista no significa ver todo de color de rosa. Como educadores, debemos favorecer que nuestros hijos aprendan también a ver las dificultades, pero insistiendo en la posibilidad de que podemos superarlas.

Para conseguirlo, enseña al niño a vivir las situaciones de una manera adecuada. Cuando las cosas le vayan bien, enséñale a apreciar sus propias cualidades y esfuerzo. Si ha aprobado un examen, no le digas que le han regalado el aprobado; hazle ver que su trabajo le ha ayudado a sacar una buena nota y que las cosas pueden seguir así si se esfuerza como hasta ahora.

Cuando las cosas no le vayan tan bien, insístele en que busque la manera de r-esolver las dificultades. Si no ha aprobado el examen, no le taches de mal estudiante. Anímale a que estudie más, transmítele la idea de que tiene una nueva oportunidad para hacer un buen examen, pregúntale sobre lo que puede hacer para cambiar, etcétera.

Favorecer la autonomía. Acompañarles en la actividad

Una de las principales conquistas que realiza nuestro hijo es el desarrollo de la autonomía. Los padres vivimos con ilusión los avances que realiza para comer, lavarse o vestirse solo. Consideramos que es algo muy importante e intentamos poner de nuestra parte para favorecerlo.

Pero no siempre es fácil, por ejemplo cuando:

• Nos movemos en la contradicción. A veces, dejar que nuestros hijos hagan cosas por sí mismos lleva implícito que cada vez nos necesitan menos. Sin darnos cuenta, podemos dejar que el miedo a que nuestros hijos crezcan se manifieste con una actitud sobreprotectora. Es importante que estemos atentos para evitar que este estilo educativo nos domine, siendo conscientes de que, dentro de nuestra función como padres, está la de permitir que nuestros hijos vayan dependiendo cada vez menos de nosotros.

• No tenemos tiempo o paciencia para que los niños actúen por sí solos. De repente, sin darnos cuenta, dicen que quieren hacer las cosas sin ayuda. Desean a toda costa poner a prueba sus capacidades, y está claro que no siempre pueden. Aunque ellos lo desean no saben atarse los zapatos, ni vestirse solos, ni llevarse la comida a la boca... Pero pueden aprender a hacerlo si les dejamos tiempo, les enseñamos y vamos alabando los progresos. Si estamos agobiados, si apenas tenemos tiempo o si se nos escapa la paciencia, no podemos darles la oportunidad de aprender. Es cierto que a veces no nos queda más remedio que vestir al niño rápidamente para no perder un autobús, pero no dejes que esto se convierta en la tónica habitual de tu casa. Intentad que haya momentos más relajados en los que cualquier actividad pueda desempeñarse con mucha más calma.

• Queremos que siempre actúen correctamente. Parece claro que los niños no van a saber peinarse por el simple hecho de que quieran hacerlo. Pero lo que no tiene sentido es que les arrebatemos el peine diciéndoles que son unos inútiles o que se están peinando fatal. Enséñales a hacerlo, pero no les hagas pensar que no podrán aprender.

Favorecer la autonomía también significa acompañar en la actividad. Dar órdenes a los niños para que recojan su cuarto o se vistan rápidamente para ir al cole no garantiza que lo hagan, por muy firme y coherente que sea la norma.

Lo normal es que los niños se distraigan, pierdan el tiempo, tengan dificultades para hacer ciertas cosas... Necesitan del adulto y agradecerán que estés con ellos en los momentos de la vida cotidiana. Sobre todo porque son estos momentos los que garantizan una relación sólida entre vosotros. El baño, la hora de la comida, ponerse el pijama para ir a la cama, son momentos perfectos para compartir experiencias, sentimientos, deseos...

• Acompáñales, pero no para hacerles las cosas si ellos pueden realizarlas por sí mismos. Necesitas enseñarles, y, aunque te parezca increíble, explicarles algunas cosas no es suficiente para que aprendan.

• Facilita ayudas para irlas retirando poco a poco. Así, puedes dar ayudas físicas como dirigirle el brazo para que aprenda a ponerse un jersey y ayudas verbales como indicarle que tiene que tirar del jersey para meter la cabeza. Cuando el niño sepa hacer las cosas, no serán necesarias estas ayudas.

• Refuerza las conductas que se aproximen a lo que quieres que aprenda. No debes esperar a que tu hijo sepa vestirse de arriba abajo de forma adecuada para felicitarle; si se ha puesto solo el pantalón, dile que estás contento, que te gusta que se esté haciendo mayor... Hazle sentir importante por cada progreso que realice.

Cuando ya no sea necesaria tu presencia, puedes dejarle solo. Demuestra al niño que confías en él permitiéndole, por ejemplo, que se duche sin que estés tú en el cuarto de baño. Al principio puedes ir de vez en cuando para asegurarte de que lo está haciendo bien, siempre desde una actitud de confianza y reforzando su autonomía.

Cuando no quieren hacer las cosas solos

En ocasiones los niños pueden demandar demasiada atención de sus padres y *fingir* que no saben hacer las cosas con el único fin de conseguir que estemos con ellos. Quieren estar con el adulto continuamente fomentando una relación de dependencia cada vez más exigente por parte de los niños y más desesperante para los padres.

En estos casos habrá que ir retirando gradualmente la atención al tiempo que se refuerzan los intentos (y logros) del niño por estar solo. Explica al niño cuáles son tus deseos, hazle ver que ya es mayor y que estás contento porque sabe hacer cosas por sí mismo. Cuando el niño haya realizado alguna tarea de forma autónoma, abrázale y felicítale por ello.

Por otro lado hay que buscar momentos para prestarle atención. Un rato para leer, jugar o ir al parque son importantes para la relación que queremos establecer con nuestro hijo.

Un tiempo para el afecto

Hemos hablado de la importancia del horario y de la creación de rutinas básicas. Ahora bien, todos necesitamos algo más que comer y estar limpios para sentirnos bien y madurar. El afecto es algo imprescindible en el desarrollo de un niño, por lo que no debemos ponerle límite y sí incluirlo en el día a día.

Hay abrazos y besos espontáneos, los que surgen cuando a uno le apetece. Si tu hijo te da un abrazo, acéptalo independientemente de lo que estés haciendo (salvo que sea algo demasiado exagerado). Los niños necesitan una respuesta a sus muestras de cariño y carece de toda lógica decirles: «Ahora no podemos darnos un beso que estamos viendo la tele». También tú puedes darle besos cuando quieras, pero recuerda que eres el adulto y que tienes más capacidad para diferenciar entre situaciones y momentos. Si achuchar a tu hijo implica que a lo mejor se despierta, entonces espera.

Hay otros besos y abrazos que surgen tras una situación de alegría compartida. Los primeros pasos del bebé van seguidos de abrazos y risas. El afecto refuerza los aprendizajes adquiridos. Por eso no dudes en demostrarle todo tu cariño cuando haga cosas nuevas; contribuirás a que siga progresando.

Pero el afecto es algo más que la expresión física del cariño. Todo lo que hacemos y decimos a nuestros hijos está impregnado de un afecto determinado. El tono firme con el que le hablamos no puede ni debe estar reñido con palabras afectuosas. Dile a tu hijo que le quieres por ser quien es, independientemente incluso de lo bien que haya hecho las cosas; le quieres porque es tu hijo y eso es suficiente.

La expresión de sentimientos, lejos de lo que podemos pensar, no es sinónimo de una educación blanda y sensiblera. El niño necesita sentirse querido y debemos poner en marcha todos los recursos disponibles para demostrárselo.

Por otro lado es importante que el niño se sienta protagonista de un tiempo contigo. El día a día nos deja pocas posibilidades de encontrarnos con los niños en situaciones de privilegio. Sobre todo ante la llegada de un nuevo hermano, el hijo mayor necesita recuperar parte de ese tiempo que ahora tiene que compartir. Incluir en el horario un tiempo de atención personalizada en el que tu hijo y tú podéis hacer juntos algo que os gusta (o que le gusta a él) contribuirá a que siga progresando en su crecimiento sin sentirse totalmente desplazado.

El tiempo de afecto también es un tiempo de juego. El juego es la actividad principal del niño. Busca situaciones que le produzcan placer y convierte en juego todo aquello que realiza. De hecho, se relaciona con los demás a través del juego y los adultos debemos tenerlo en cuenta para establecer relaciones significativas con él.

No tengas miedo en jugar con tus hijos, en dedicar un tiempo diario, igual que se lo dedicas al baño o a la comida, para jugar con ellos. Incluye juegos en los que haya contacto físico (hacer cosquillas, por ejemplo), otros que contribuyan al desarrollo de capacidades (atención, memoria...), otros que le permitan ensayar situaciones de la vida cotidiana (el clásico juego de las cocinitas), etc. Es importante que el niño aprenda a jugar solo y que no dependa del adulto para todo, pero eso no significa que no podáis jugar. Si os divertís juntos, estaréis creando una relación a partir de la cual todo será mucho más fácil.

Utilizar refuerzos

Hemos visto que las conductas se mantienen y aumentan cuando reciben un refuerzo, es decir, algo que es agradable para la persona. La atención es uno de los más poderosos refuerzos y prácticamente universal. A todos los niños les gusta que les digan lo bien que hacen las cosas y que se les felicite por ello. Se trata de un refuerzo natural, muy fácil de utilizar y accesible para todos.

Además, existe otro tipo de refuerzos materiales que son los premios que damos a los niños después de un comportamiento adecuado. Un caramelo, un muñeco o un cuento son ejemplos de reforzadores materiales. Como te puedes imaginar, cuesta más utilizarlos que el hecho de prestar atención, entre otras cosas porque hay que comprarlos.

Muchas actividades también tienen este papel reforzante. Ver la televisión, salir a jugar al parque, construir una maqueta, etc., son ejemplos de actividades que pueden estar dentro de las preferencias de los niños y que pueden fortalecer una conducta adecuada.

De todos estos reforzadores los materiales deben ser los que menos utilicemos, aunque eso no significa que debamos prescindir de ellos. Para usarlos de forma adecuada es imprescindible que:

- Limites su uso. Todo no se puede premiar con algo material, aunque económicamente nos lo podamos permitir. El niño no se puede acostumbrar a que cada vez que se porte como tú le pides le vas a comprar algo. Cada vez necesitará un refuerzo mayor (posiblemente más caro) y llegará un momento en que, le compres lo que le compres, no consigas modificar su comportamiento. Por otro lado las rabietas y el inconformismo son mucho mayores si les negamos a los niños algo material que les habíamos prometido.

• Haya una relación entre el refuerzo y el esfuerzo realizado por tu hijo. Hay conductas que se pueden reforzar con un pequeño caramelo y otras que pueden reforzarse con algo de más valor. Lo que carece de toda lógica es que rodeeemos al niño de regalos cada vez que se vista solo o vaya a lavarse los dientes sin protestar. Las tareas de la vida cotidiana deben ser reforzadas con alabanzas llenas de afecto; tiene mucho más sentido.

• Gradúes el refuerzo. Si tu hijo desea un estuche completo para dibujar (con sus cuadernos, pinceles, pinturas, rotuladores, etc.) y tú decides utilizarlo para mejorar un comportamiento determinado, no se lo entregues el primer día que lo hace bien. Explícale que le irás entregando partes (como si fuera un coleccionable) al final de cada día si ha cumplido con lo que habéis pactado.

En resumen, para poder fortalecer las conductas adecuadas puedes utilizar diferentes tipos de refuerzos teniendo en cuenta los siguientes criterios:

1. Utiliza el refuerzo natural de prestar atención y felicitar verbalmente a tu hijo cada vez que realice una conducta adecuada o se aproxime a aquello que deseas que consiga.

2. Limita el uso de los refuerzos materiales. Ten en cuenta sus inconvenientes.

3. Descubre las preferencias de tu hijo. Hay niños a los que les gusta ver la tele y a otros a los que no, quienes disfrutan dando saltos y otros que no, quienes harían cualquier cosa por un caramelo y otros que no... Descubrir qué es lo que motiva a nuestros hijos nos da pistas a la hora de diseñar estrategias para mejorar su comportamiento.

4. Piensa en la manera de administrar el refuerzo. Cuando queremos que el niño realice una actividad que nunca ha realizado necesitamos que el refuerzo siga inmediatamente a la conducta en todas las ocasiones. Si estás enseñando a tu hijo a ir solo al baño, debes felicitarle cada vez que lo haga bien. Pero a medida que lo va

logrando y funciona cada vez de forma más autónoma, no es necesario que siempre le felicites. Si se trata de refuerzos materiales, piensa antes si puede contradecirse con alguna otra conducta (imagina que le dices a tu hijo que cada vez que cumpla con las normas le vas a dar un caramelo, pero por otro lado quieres que no coma entre horas; sería incoherente, ¿no crees?).

5. Utiliza los refuerzos según lo pactado. Si le has dicho a tu hijo que le vas a dejar ver la tele si se ducha él solo, no puedes castigarle sin verla porque hoy no se haya portado bien en el parque. Los refuerzos deben establecerse atendiendo a acciones concretas y no servir para mejorar demasiadas conductas. En un primer momento, sobre todo cuando se trata de aprendizajes nuevos, lo mejor es dejar bien clara la consecuencia de cada acción sin exigir al niño un comportamiento perfecto para conseguir un único beneficio.

6. Ten clara la conducta que vas a reforzar para no entrar en manipulaciones. Aunque es cierto que en determinadas situaciones es conveniente cierta flexibilidad, debemos tender a reforzar las conductas adecuadas y no ceder a los deseos de los niños. Si tú le has dicho al niño que iréis al parque cuando haga los deberes (algo que le cuesta enormemente), no vayáis antes aunque él te prometa que los hará cuando vuelva. La norma debe estar clara y si entras en su juego lo más probable es que después del parque no tenga ganas y al final se vaya a la cama sin hacerlos.

7. Y «aguanta el tirón». No es fácil permanecer tranquilo si nuestro hijo llora cuando nos negamos a jugar con él porque no se ha bañado solo o cuando le decimos que hoy no sale al parque porque no ha hecho los deberes, pero es la única manera de hacerle ver que su comportamiento tiene una consecuencia determinada. Es mucho más fácil aguantar estos berrinches o enfados durante un par de días, que es lo que necesita para darse cuenta de que vas en serio, que estar toda la vida detrás de ellos para que nos hagan caso.

Ejemplo: No hay nada que le motive

Clara tiene 5 años. Sus padres están intentando que aprenda a tener su habitación ordenada. Durante el día le recuerdan que debe tenerlo todo bien guardado. Su padre, que acaba de llegar, revisa el cuarto antes de ir a la cama. Si todo está en orden, la felicitan y le dan un beso de buenas noches. Si no está en orden (la ropa, los juguetes y los libros en su sitio), entonces se ponen juntos a recogerlo, le lee un cuento y le da un beso de buenas noches. Últimamente, su cuarto está mucho más desordenado que antes.

▼ Observa:

• Clara parece saber cómo ordenar su cuarto. Basta con que sus padres se lo recuerden para que lo haga. De hecho, algunas noches está todo en su sitio.

• La conducta que está siendo reforzada en este caso es no recoger el cuarto. ¿Por qué? Porque cuando no lo tiene ordenado Clara pasa un tiempo con su padre que no pasaría si lo tuviera todo recogido.

• El momento que se ha elegido para comprobar si está todo ordenado es la hora de ir a dormir, por lo que si hay que ponerse a recoger con Clara, lo que estamos haciendo es restarle tiempo de sueño.

▲ ¿Qué podemos proponernos?

1. Evitar que haya que recoger justo antes de irse a la cama. Hay que buscar otro momento en el que se tenga la oportunidad de recoger sin necesidad de restarle tiempo al sueño. Después de tener todo recogido, la felicitaremos por ello, podrá hacer algo que le guste, etc. Parece que Clara es más que capaz de ordenar su cuarto, por lo que podríamos distanciar los refuerzos para que aprenda a no depender continuamente de ellos.

2. Para Clara estar con su padre y leer un cuento con él es una actividad altamente reforzante que le ayuda a establecer una relación segura con su progenitor. Merece la pena mantenerla independientemente del comportamiento de Clara.

Además del cuento, pueden dedicar un tiempo (no hace falta que sea mucho, pues es hora de dormir) para hablar de cómo ha ido el día y reforzar todos los progresos que haya realizado.

A continuación se describen algunas técnicas que nos ayudan a sistematizar los refuerzos.

Sistema de puntos

Los sistemas de puntos consisten básicamente en premiar al niño cada vez que se comporta de una manera determinada. Cada vez que hace o dice algo que deseamos se le asigna una puntuación. Previamente se ha establecido un refuerzo que se puede conseguir con un número determinado de puntos.

El niño debe desear lo que va a conseguir con los puntos, aunque está claro que es el adulto el que da el visto bueno. Una vez más el refuerzo debe estar en consonancia con el esfuerzo realizado y puede ser algo material o la posibilidad de realizar una actividad que no se haga frecuentemente (ir al zoo, por ejemplo).

De nuevo hay que insistir en que la mayoría de los comportamientos necesitan un refuerzo inmediato para que se mantengan. Los más pequeños necesitan que les digamos que hacen bien las cosas o que pueden ver la tele u obtener una golosina inmediatamente después de realizar un comportamiento adecuado. Si yo le digo a mi hijo que me gustaría que no llorase mientras le lavo el pelo y le prometo una gominola si no lo hace, entonces la gominola se la doy después del baño.

Para que el sistema de puntos funcione debemos:

• Asegurarnos de que es el método adecuado para nuestro hijo y lo que queremos conseguir. Los niños más pequeños no van a entender el sistema de puntos. Por otro lado, la mayoría de las acciones del día a día se pueden reforzar de forma inmediata para conseguir que se mantengan.

• Explicar al niño el procedimiento. Debe conocer qué necesita realizar para conseguir los puntos y qué va a recibir a cambio. También debemos explicarle si existen comportamientos que le hagan perder los puntos. Todo esto debe estar fijado de antemano y cumplirse según se haya explicado. Cualquier modificación «sobre la marcha» le haría perder valor.

• Permitir que existan posibilidades de conseguir el premio. Hay que ser realista con lo que el niño puede hacer y pensar en puntuaciones que puedan conseguirse. Cuando queremos fijar un comportamiento nuevo, pondremos como objetivo un número de puntos que se puedan conseguir con relativa facilidad, para luego ir aumentándolos.

• Ser consecuente con lo que se ha prometido. Por muy mal que se haya portado en el colegio, si tú le has prometido un punto a tu hijo si no dice palabrotas en casa, debes dárselo. Es importante que se respete lo pactado, como también lo es que no caigamos en negociaciones con los niños ante la más mínima dificultad.

• Evitar que se prolongue demasiado en el tiempo. Los niños no pueden «cobrar a final de mes»; no tienen esa capacidad para retrasar gratificaciones, de manera que el programa debe permitir que el premio se consiga en un breve espacio de tiempo (dependerá de la edad del niño, del tipo de programa o premio...).

• Reservar el sistema de puntos para conductas especialmente significativas. No podemos utilizar el sistema para que el niño aprenda todo lo que tiene que aprender (perdería su originalidad y convertiría la relación en un dar y quitar puntos).

• Definir la duración del programa. El sistema de puntos no puede durar eternamente. Cuando creamos que la conducta está lo suficientemente instaurada, debemos darlo por finalizado.

Para elaborar un sistema de puntos, debemos seguir estos pasos:

1. Observa el comportamiento de tu hijo y elige qué conducta deseas cambiar o conseguir instalar. Intenta describir esa conducta de la manera más objetiva posible.

Descripción incorrecta	Descripción correcta
Se porta fatal en la mesa.	Se lleva la comida a la boca con la mano.
Es un desordenado.	No guarda los juguetes o la ropa.
Es inaguantable.	Pide las cosas gritando o llorando.

2. Define claramente lo que quieres conseguir teniendo en cuenta las necesidades y capacidades de tu hijo. Es cierto que los niños pueden hacer mucho más de lo que imaginamos, pero no se trata de ser demasiado exigentes o de plantearnos un gran objetivo. Si pretendemos que coma bien en la mesa no podemos pedirle que utilice bien los cubiertos, esté bien sentado, se limpie la boca antes de beber, se lo coma todo, etc., y todo ello al mismo tiempo. Podemos ir eligiendo objetivos más pequeños que nos permitan acercarnos a aquello que deseamos que aprenda.

3. Piensa ahora en aquello que va servir de refuerzo. Para ello deberás tener en cuenta los intereses de tu hijo. Establece una relación coherente entre el esfuerzo que tiene que realizar y el premio, así como la puntuación necesaria para conseguirlo. A lo mejor te das cuenta de que tiene más sentido reforzar cada conducta que realice tu hijo y no es necesario un sistema de puntos.

4. Asegúrate de que el premio estará accesible y piensa en la alternativa en el caso de que no lo consiga. Imagínate que le dices que si consigue un determinado número de puntos podréis ir al zoo este fin de semana. Infórmate antes para ver si estará abierto y piensa en lo que haréis si no lo consigue. Si fuera así, ¿os quedaréis en casa todo el fin de semana como castigo?

La sensación que os quedaría es que todos estáis en casa por su culpa, por su mal comportamiento, y esto no contribuirá ni a mejorar su conducta ni a fortalecer vuestra relación. Pero entonces ¿le llevarás al cine para que se distraiga? Tampoco tiene mucho sentido, ¿no? Si finalmente el niño consigue algo gratificante, independientemente de su esfuerzo, entonces el sistema de puntos dejará de tener valor. No es fácil pensar en refuerzos y alternativas. Quizá los siguientes ejemplos puedan darte alguna pista.

Conducta	Refuerzo	Pensamos un poco
Dar un punto cada día que los juguetes queden recogidos antes de ir a cenar.	Con tres puntos obtiene un sobre de cromos para su colección.	Cada día tiene la oportunidad de obtener un punto, por lo que el tiempo de espera no es demasiado. Los cromos siempre están accesibles y serán reforzantes mientras dure el interés por la colección (o la termine). Se le entrega un sobre independientemente de que le salgan repetidos o no (forma parte del azar y debe aprender a asumirlo sin enfadarse).
Dar un punto cuando se vista solo por las mañanas.	Con siete puntos puede elegir uno de los juguetes que tenemos guardados de Navidad.	Es frecuente que los niños reciban muchos regalos por diversos motivos. Podemos optar por guardar algunos de ellos y utilizarlos como reforzadores. No sólo nos evitamos comprar más cosas (con lo que, además de no gastar, educamos mucho) sino que damos al niño la posibilidad de disfrutar más de ellos y durante más tiempo. Deberemos dejarle claro que el juguete podrá elegirlo cuando volvamos del cole (o el momento que creamos oportuno) para que pueda jugar.

Dar un punto cuando termine sus deberes.	Con tres puntos podrá jugar en el ordenador durante un tiempo determinado.	Para que sea un refuerzo realmente útil no podemos permitir que use el ordenador en ningún otro momento. Si le decimos que puede usarlo con tres puntos, pero llega el fin de semana y le dejamos que esté todo el día jugando, no habremos hecho mucho.

➤ **Recuerda** que en todo este proceso no se trata de martirizar al niño por lo que no consigue, sino potenciar el que se acerque cada vez más al comportamiento adecuado. Si no ha obtenido los puntos suficientes para ir al zoo, pues se le anima haciéndole ver que tendrá otra oportunidad para conseguirlo. Sobra decir que no se le hará responsable del ocio de la familia, ni se les dirá a los demás hermanos que no vamos al zoo porque él no se ha esforzado, etcétera.

5. Establece si los puntos van a ser pequeñas fichas que le vas a entregar, pegatinas en un mural, etcétera.

6. Explícale el plan a tu hijo:

- Dile lo que deseas y por qué. Explícale que es importante que aprenda a vestirse solo o que haga sus deberes y que le vas a proponer un plan para conseguirlo.
- Cuéntale el premio en el que has pensado.
- Explícale el sistema de puntos: cuándo le vas a dar un punto y cuándo no (por ejemplo: «Te voy a dar un punto cuando termines tus deberes y los hagas sin protestar, pero no cuando los hagas deprisa y corriendo todo desordenado») y el número de puntos que necesita para conseguir el premio.
- Fijad el momento de disfrutar del premio («Cuando tengas tres puntos, te daré un sobre de cromos después de cenar»).
- Insiste en que confías en él y que el plan le ayudará a conseguir lo que se proponga.

7. Cuando consideres que la conducta está lo suficientemente fortalecida, felicita a tu hijo por ello, hazle sentir importante por los progresos obtenidos y explícale que ya no necesitáis el plan que habíais diseñado.

Cuando los niños son muy pequeños, no resulta fácil explicar este sistema, pues no entienden el concepto de número ni tienen capacidad suficiente para entender que su comportamiento puede ser premiado con un punto (no entienden su valor). Para estos casos, suele ser suficiente con asignar las puntuaciones utilizando elementos que son reforzantes en sí mismos.

Puedes hacerte con pegatinas de colores o con diferentes formas y colocarlas en un lugar visible cada vez que el niño consigue mejorar su comportamiento o adquirir un hábito que no tenía. Así, por ejemplo, podemos colocar en un calendario pegatinas con forma de sol cada vez que se levanta de la cama totalmente seco cuando el niño está aprendiendo a controlar los esfínteres por la noche. La pegatina es, en sí misma, un premio y podemos hacer de este momento algo muy especial en el que se insiste en la alegría que nos produce a todos el que hoy no se haya mojado.

➤ **Recuerda** que en todo momento es importante que tú tengas muy claro el sistema de puntos; evita que la conducta de tu hijo te pille relajado (no te has dado cuenta de que se ha portado bien) o en un renuncio (empiezas a dudar de cuándo ibas a darle los puntos). Tu hijo necesita saber que puede confiar en el plan que le has propuesto.

Refuerzos creativos

Dedica unos minutos a recordar tu infancia y a rememorar alguna acción sencilla que tus padres realizaran de vez en cuando y que se vivía como un acontecimiento excepcional. Quizá, de vez en cuando, tu padre te pedía que le acompañaras a lavar el coche o tu madre sacaba de su armario el álbum de fotos de la familia. No eran acciones frecuentes, pero sí con un gran poder para reuniros y disfrutar del momento.

La mayoría de las acciones o acontecimientos pierden su papel reforzante cuando son muy frecuentes. Para bien o para mal, nuestra sociedad nos permite tener a nuestra disposición casi todo en cualquier momento y por eso es importante intentar ser creativo a la hora de generar situaciones que os permitan vivir algunos momentos como únicos y realmente diferentes.

Tener mil películas de vídeo o DVD que se pueden ver en cualquier momento, disponer de todos los juguetes o libros, poder comer cualquier cosa a cualquier hora... no ayuda demasiado. Reserva algunos de estos refuerzos.

A continuación encontrarás algunas pistas para elaborar «refuerzos creativos». Realmente las posibilidades son infinitas y seguramente tú ya estás utilizando muchos de ellos sin darte cuenta. También es importante que surjan con naturalidad y con el objetivo de disfrutar un poco más de la relación con nuestros hijos. El objetivo no es proporcionarle más cosas, sino crear momentos especiales que contribuyan a fortalecer los lazos entre nosotros.

- Las cajas misteriosas. En una caja podemos guardar cualquier cosa. Para los niños el componente mágico tiene mucho sentido, así que podemos utilizarlo para motivar un buen comportamiento. Podemos elaborar una caja con postres (con alimentos que gusten al niño) que abriremos después de que el niño haya cenado de forma adecuada para que pueda elegir el postre que le guste. Podemos elaborar una caja de juegos de mesa y decidir que los jueves, por ejemplo, sacaremos la caja y escogeremos aquel que nos guste para jugar juntos.

- Los recuerdos de la infancia. A los niños les suele gustar que les recordemos su infancia. Les gusta que les hablemos con cariño de lo importante que fue su nacimiento, de lo feliz que nos hizo... Si disponemos de ciertos objetos de sus primeros meses como algún traje que utilizara, alguna foto, un chupete o un biberón, podemos guardarlos juntos y sacarlos de vez en cuando para crear un momento especial para hablar del niño y de nosotros, y de todos los sentimientos que iban surgiendo.

- El álbum de la vida. Hacer un álbum es relativamente sencillo y una tarea en la que fácilmente se pueden implicar los niños con ayuda del adulto. La idea es ir creando un álbum en el que no sólo se recojan fotos, sino vivencias y recuerdos.

Se puede pegar fotos, entradas a actividades, diplomas, pegatinas, etc., y, por supuesto, escribir cuanto se quiera. Podemos disfrutar creando el álbum, pero también viéndolo una y otra vez.

Refuerzos para todos

Las buenas conductas no sólo las debe realizar el niño que hasta este momento se ha portado mal. Cuando elaboramos las normas lo hacemos pensando en toda la familia. Tampoco papá o mamá pueden gritar, ni el hermano pequeño puede tirar las cosas.

Para dejar constancia de esto, sobre todo cuando los niños son pequeños, puede sernos muy útil elaborar un cartel en el que vayamos recogiendo lo bien que nos portamos todos. Un cuadro con el nombre de los miembros de la familia y la posibilidad de ir poniendo pegatinas de colores nos ayudará a centrarnos en los progresos que realiza la familia.

Cuando cada persona haya cumplido con sus responsabilidades (poner la mesa, hacer la comida, limpiar el baño...), coloca una pegatina en su espacio.

Fíjate que el objetivo es doble:

- El primero es conseguir un cambio de comportamiento en todos, algo que mejorará notablemente la convivencia familiar.
- El segundo, es dejar claro que no hay nadie malo en casa, que todos podemos mejorar nuestro comportamiento y nos alegramos por ello.

➤ **Recuerda** que no ayuda demasiado tener la etiqueta de ser el malo de la película, más bien al contrario. Debemos dejar claro que no hay personas malas, sino comportamientos inadecuados y que todos podemos actuar de otra manera si nos lo proponemos.

Repartir responsabilidades

En su afán de hacerse mayores, los niños sienten cada vez más necesidad de comportarse como adultos y realizar las actividades que ven hacer a los demás. Les gusta implicarse en la cocina, fregar el suelo o regar las plantas.

En la medida en que los niños sean capaces de hacerlo (y a veces sólo es cuestión de ponerlo en marcha) deben participar en las actividades del hogar. Si después del baño pueden llevar la ropa sucia al cubo o a la lavadora, es conveniente que lo hagan, pues son pequeñas acciones que les permiten irse responsabilizando de sus cosas. Poner la mesa, recoger su cuarto, tirar lo que no sirve a la basura... son algunos ejemplos de situaciones que enseñan a los niños a colaborar en el buen funcionamiento del hogar.

A veces nos resulta mucho más fácil hacerlo a nosotros, al menos aparentemente. Está claro que somos más rápidos y más eficaces, pero de nuevo nos encontramos con la necesidad de cambiar de actitud. Si tú enseñas, el niño aprende, aunque le lleve tiempo y necesite tu ayuda y practicarlo varias veces hasta conseguir un resultado aceptable.

Las actividades que tu hijo puede realizar están en función de su edad y sus habilidades, pero no le subestimes. Posiblemente pueda hacer mucho más de lo que te imaginas. Aprovecha su iniciativa para ayudarte y pídele que se ocupe de algunas cosas. Entre los ejemplos:

- Ayudar a poner la mesa.
- Colaborar en la preparación de algunos alimentos.
- Llevar la ropa al cesto o a la lavadora.
- Recoger sus juguetes (con más o menos ayuda).
- Ocuparse de un animal doméstico.
- Guardar ropa en los armarios...

Habitúale a que respete cierto orden con las cosas que utiliza: que guarde los zapatos en su sitio, que cuelgue el abrigo en un lugar determinado, que deje las pinturas en su caja... Recuerda que no lo va a hacer solo al principio, que deberéis ensayar juntos muchas veces. Y hazle ver por qué es importante; explícale que así encontráis las cosas más fácilmente, que no se estropean, etc.

Por otro lado, existen actividades de la vida cotidiana que permiten establecer relaciones de complicidad entre los miembros de la familia. Podéis ir juntos al mercado o preparar un postre especial los domingos por la mañana. Este tipo de actividades excepcionales, que se realizan sin prisas, permiten disfrutar de una manera diferente tanto por lo que se hace como por la relación que se establece.

Es importante no perder de vista la capacidad para imitar que desarrollan los niños desde muy temprana edad. Por lo general, les suele gustar coger la fregona y llenar el suelo de agua porque te ven hacerlo a ti, o pasar el plumero por todos los sitios que pueden. Incluso pueden demandar que se les compre juguetes que simulen los objetos de los adultos para ocuparse de la casa (fregona o cubo pequeños). Merece la pena contribuir a este interés y permitir que los niños, independientemente de su sexo, participen en el mantenimiento del hogar con pequeñas actividades. Tanto los niños como las niñas pueden y deben aprender a manejar una escoba, un aspirador o poner en marcha una lavadora. No tiene sentido catalogar las actividades en femeninas y masculinas.

Tanto hombres como mujeres podemos desempeñar las mismas tareas y es importante que, aunque en nuestro hogar haya un reparto de responsabilidades (alguien se ocupa de hacer la comida, alguien de ir a la compra, alguien de planchar, etc.), ese reparto no tenga nada que ver con ser la madre o el padre. Tu hijo aprenderá de lo que vea en casa y valorará mucho más las responsabilidades del hogar si ve que todos se implican en ellas.

Lo que debe quedarnos claro es que una educación diferenciada no facilita en absoluto el desarrollo de la persona, ni muchísimo menos la convivencia.

Independientemente de si trabajan o no los dos miembros de la pareja, existe una tendencia a distribuir las tareas de la casa dependiendo de si nuestro hijo es un chico o una chica. Muchas madres se van tranquilas al trabajo porque han dejado a su hija, a veces la menor de los hermanos, al cuidado de la casa. En este sentido no podemos olvidar que si las chicas saben hacer algunas cosas mejor que los chicos es porque han sido educadas para ello. Por lo tanto es necesario que en una familia se distribuyan las tareas dependiendo de las capacidades de cada uno de los hijos (a un niño pequeño no se le puede mandar lo mismo que a uno mayor) y no de su sexo. Las tareas del hogar, la habilidad para hacer la compra o la comida, forman parte de la formación que todos necesitamos tener.

Si bien la tendencia general es la de pensar que es el padre quien fomenta este tipo de situaciones, impidiendo a sus hijos varones que se levanten a quitar la mesa o que ayuden a limpiar la casa, muchas veces es la madre quien evita a los mismos la realización de estas tareas en una actitud sobreprotectora que no emplea con sus hijas. Esta actitud no sólo impide a los hijos desarrollar unas habilidades que más tarde pueden necesitar, sino que empobrece la relación que las madres pudieran tener con sus hijas transmitiendo la imagen de la mujer tradicional (más que respetable, por otra parte) que les impide desarrollarse en otros ámbitos.

➤ **Recuerda** que evitaremos muchos problemas futuros a nuestros hijos si les enseñamos a hacerse responsables de las tareas domésticas, aparte de estar contribuyendo a que la igualdad entre hombres y mujeres sea una realidad.

Favorecer la concentración

La capacidad para estar concentrado en una actividad es algo que se va desarrollando con la edad y con la práctica.

Los niños muy pequeños pueden prestar atención durante un breve espacio de tiempo a un juguete determinado. Poco a poco, sobre todo una vez que han logrado desplazarse de forma autónoma, vuelven a un período en el que va aumentando su concentración y su capacidad para estar durante más tiempo centrados en una actividad.

En todo este proceso los padres desempeñamos un importante papel. Somos los encargados de proporcionarles un ambiente rico en estímulos que les permitan desarrollar al máximo todas sus capacidades.

En ocasiones los ambientes están sobrecargados de estímulos. A continuación encontrarás dos casos que nos permiten ilustrar todo esto.

Ejemplo: Lo deja todo tirado

Juan tiene 3 años. Suele jugar en el salón de su casa. Allí va llevando todos los juguetes que quiere utilizar. Saca las pinturas y las dispersa por la mesa, a continuación, saca el puzzle y lo deja sin terminarlo, vacía la caja de los coches, después baja de la estantería varios libros de pegatinas... Va de una actividad a otra, dedicando pocos minutos a cada una de ellas... A la hora del baño, toda la habitación está llena de juguetes, no se puede dar ni un paso sin tropezar con un coche o una pintura.

▼ Observa:

- Juan es un niño pequeño. Necesita moverse y manipular todos los objetos a su alcance para conocer sus posibilidades y características.
- Es normal que dedique poca atención a las actividades.
- No tiene sentido que saque todas las cosas y siga sacando más y más sin antes recogerlas. Los niños, cuando son muy pequeños, necesitan aprender a desordenar antes que a ordenar. Juan tiene una edad en la que sus capacidades (movimiento, lenguaje, razonamiento...) le permiten ir entendiendo el concepto de orden y su utilidad.

▲ ¿Qué podemos proponernos?

1. Enseñarle a recoger algunos juguetes antes de sacar otros. Por ejemplo, las fichas del puzzle o las pinturas deben guardarse en sus cajas antes de sacar más cosas. Eso no significa que no lo pueda volver a sacar, pero antes deberá recoger otros juguetes.

2. Favorecer su atención acompañándole para que empiece y acabe ciertas actividades. Los juegos educativos suelen organizarse en actividades con diferente nivel de dificultad y con unos objetivos muy claros. Piensa por ejemplo en un puzzle; los podemos encontrar con un número muy variado de piezas y el objetivo es construir una imagen. Acompaña a tu hijo en esta actividad para que aprenda a

hacer el puzzle de principio a fin, de manera que se vaya acostumbrando a concentrarse en la actividad y finalizarla antes de empezar otra.

3. Diferenciar entre varios espacios para hacer las cosas. A lo mejor puede tener en su cuarto una mesa donde pintar o leer y poner pegatinas. Aunque está claro que para concentrarse no hace falta estar sentado, ponerse delante de una mesa implica focalizar todos nuestros sentidos en lo que ponemos sobre ella. No perseguimos que los niños estén sentados todo el tiempo, sino que vayan dedicando tiempos cada vez más largos para mantener la atención.

Ejemplo: Le cuesta terminar lo que empieza

Nico tiene 8 años y le encanta hacer cosas. Sus padres dicen que es un niño muy activo y curioso, pero que nunca termina lo que empieza. Le encanta abrir las cajas de los juguetes, pero no juega con ninguno; empieza a hacer los deberes con interés y los deja a medias; no termina de ver ni una sola película; ayuda en la cocina y lo deja en cuanto se cansa... Ya no saben qué hacer para tenerlo entretenido.

▼ Observa:

• Nico necesita actividad. Es un niño inquieto que muestra interés por todo cuanto le rodea, pero al que le cuesta mantener su atención.

• Parece que está rodeado de estímulos y de recursos para hacer cosas y que tiene acceso a todo en el momento en que él desea.

• Sus padres se esfuerzan para tenerle entretenido proporcionándole actividades diversas.

▲ ¿Qué podemos proponernos?

1. Proporcionar a Nico actividades que le permitan estar relajado. Correr al aire libre, practicar algún deporte o jugar en el parque pueden ayudarle a canalizar su inquietud.

2. Organizar un horario en el que quede claro lo que se puede hacer en cada momento: un tiempo para jugar, para estudiar, para ver la tele...

3. Premiarle cuando termine una actividad. Por ejemplo, es conveniente que después de acabar sus deberes pueda hacer algo que le agrade.

4. Enseñarle a hacer un uso adecuado de las cosas. Así, deberá recoger sus juguetes antes de sacar otros o terminar lo que está haciendo en la cocina antes de empezar otra actividad. Nico no puede actuar con tranquilidad, pero el exceso de estímulos no le ayuda. Los adultos deben ir poniendo límite a los recursos para que Nico pueda aprender a utilizarlos de forma adecuada.

Carácter lúdico de lo que hay que hacer

Jugar es una de las actividades principales que el niño realiza. Desde que es muy pequeño, repite las acciones que le producen placer: chapotea en el agua, tira el sonajero una y otra vez, repite un sonido que le resulta agradable...

Este carácter placentero intenta llevarlo a todas las actividades que realiza y los adultos podemos aprovecharlo para animarle a que realice determinadas tareas.

Desfilar como soldados para ir al baño o cantar una canción para recoger los juguetes son algunos ejemplos que nos permiten disfrutar de acciones que, aparentemente, carecen de placer.

El juego no está reñido con el aprendizaje. De hecho, a través de muchos juguetes contribuimos al desarrollo cognitivo de nuestros hijos. La atención, la memoria, el razonamiento... se pueden fomentar con puzzles, juegos de construcciones, dominós, cartas, etcétera.

Cuando recogemos los juguetes organizándolos en diferentes cajas (en ésta los animales, en ésta los coches, en ésta los muñecos...) le estamos enseñando a clasificar en diferentes grupos o categorías.

Las actividades escolares no suelen gustar a los niños, entre otras cosas porque no les hemos transmitido la idea de que producen placer, sino de que son una obligación. Es posible que a tu hijo le cueste copiar una y otra vez la misma frase para mejorar su caligrafía, pero a lo mejor no le importa tanto ayudarte a escribir la lista de la compra o hacer las invitaciones para su cumpleaños. Como ves, se trata de tareas en las que también debe escribir y para él son mucho más placenteras ya que tienen un significado en su vida cotidiana.

➤ **Recuerda:** puedes implicar a tu hijo en actividades del día a día en las que tenga que poner en práctica lo que está aprendiendo en el colegio. Permítele que lea las instrucciones de un juego, que te ayude a escribir la lista de la compra, que tome recados que le den por teléfono... eso le permitirá dar utilidad a lo que está aprendiendo, algo fundamental para el aprendizaje.

Aunque hemos visto que el juego es fundamental para el niño, no tiene sentido que el niño lo haga todo jugando. No debemos simular que la cuchara es un avión para que nuestro hijo coma cuando ya tiene edad para hacerlo solo, ni esconderle los calcetines para que los encuentre y así se los ponga, ni ponerle un orinal con forma de caballo para que así juegue mientras hace caca... Debemos intentar que le sea agradable realizar todas las actividades, pero eso no significa que tengamos que estar jugando continuamente.

Capítulo V

Eliminar las conductas inadecuadas

Nadie quiere más a sus hijos por protegerles o no hacerles enfadar. Una educación adecuada implica cierta disciplina, es decir, normas claras de funcionamiento que sirvan de referencia al niño. Sin esas pistas, el niño se mueve con una libertad excesiva que se convierte en una exigencia cada vez mayor.

No eres un mal padre por privar a tu hijo de ciertos caprichos, ni por enfadarte con él ni por regañarle... Todo lo contrario.

A continuación encontrarás algunas pistas y estrategias que te permitirán corregir y eliminar aquellas conductas inadecuadas.

Retirar la atención

El primer paso para conseguir que una conducta inadecuada deje de realizarse es retirar la atención.

Ya hemos visto que el niño desea que el adulto le haga caso y que puede llegar a comportarse de la manera más disparatada y alborotada posible para conseguirlo.

Aunque retirar la atención es muy útil, no siempre es fácil llevarlo a cabo. Pero siempre que la acción inadecuada no suponga un peligro para el propio niño o para los demás debemos evitar que consiga nuestra atención. Está claro que no podemos dejar que corra solo por medio de la ciudad, ni que pegue a su hermano continuamente, ni que utilice los cuchillos afilados de la cocina para jugar... Pero si tu hijo dice un taco, ni siquiera le regañes (y sobre todo no te rías).

Si te cuesta esta técnica estando delante del niño, no dudes en irte a otra habitación como si tal cosa para realizar otra actividad.

Los berrinches, los lloros y pataletas (en lugares seguros), las palabrotas... son las típicas conductas que no implican consecuencias negativas para nadie y que fácilmente pueden ser eliminadas si retiramos la atención.

Tu hijo puede perseguirte por toda la casa llorando y no es sencillo evitar que nos intente coger de una pierna hasta conseguir que nos agachemos y le miremos. Pero hay que intentarlo.

En cambio, para otras conductas como pegar a otros o romper objetos, debemos utilizar otras estrategias que nos garanticen que el niño va a aprender que un comportamiento inadecuado tiene una consecuencia negativa.

Retirar la atención es útil, pero lo será mucho más si:

• Lo complementas con otras técnicas. Tu hijo aprenderá que no le haces caso cuando llora para pedirte algo, pero que te pones muy contento cuando te lo dice sin llorar y te lo pide por favor. Así que no te olvides de felicitarle por las cosas bien hechas.

• Te anticipas al problema. Si tú ya sabes que va a llorar cuando le apagues la tele para ir al baño, entonces avísale de que vas a apagar la tele unos minutos antes, y busca alguna canción, juego o historia que le permitan vivir este momento de una manera más divertida. Suele ser más fácil evitar el berrinche que ignorarlo.

• Eliminas la posibilidad de que se haga daño. No le dejes solo en una habitación con objetos que puedan romperse o ser peligrosos, ni con su hermano si sabes que puede pegarle para que le hagas caso...

➤ **Recuerda** que una vez que has decidido retirar la atención debes mantenerte en tu postura. De no ser así, el niño descubrirá qué es lo que provoca que le vuelvas a hacer caso. Por ejemplo, tu hijo llora y llora y tú ni siquiera le miras, hasta que de repente tira un objeto, entonces tú le regañas. Ha conseguido su objetivo y volverá a arrojar cosas cuando quiera tu atención.

Debemos tener en cuenta, además, que retirar la atención suele provocar en los niños un aumento de la conducta inadecuada. Así, si está llorando y tú no le haces caso, lo más probable es que empiece a llorar con más fuerza; si grita y le ignoras, lo hará con más ímpetu... Por eso es necesario tener muy claro lo que queremos y permanecer firmes en nuestra actitud.

Cuando son muy pequeños, los niños no saben calmarse solos pues no tienen capacidad para hacerlo. Si tu hijo llora porque quiere un caramelo y tú no se lo quieres dar, no pasa nada porque llore, pero no tiene sentido que le dejes llorar indefinidamente hasta que se ponga rojo o empiece a toser como si se estuviera ahogando. Está claro que no le vas a dar el caramelo, pero deberás enseñarle a controlarse.

En ocasiones conviene que prestemos atención a algunas cosas para que el niño las asuma con naturalidad y restarle cualquier connotación negativa que pueda tener. A los niños les encanta repetir palabras como «caca» o «culo», entre otras cosas porque saben que están diciendo algo prohibido que molesta mucho a los adultos. No prestar atención es una manera de frenar este comportamiento, pero el niño puede darse cuenta de que te está molestando precisamente porque sabe que tú no le haces caso cuando «se porta mal». Si tu hijo insiste y te repite una y otra vez: «Mira, mamá, digo culo», dile que ya le has oído sin darle mayor importancia. Si insiste, anímale a inventar juntos una historia que hable de un culo. Una gota de humor quita hierro a la mayoría de las situaciones. Y aprovecha otro momento para explicarle que algunas palabras pueden sonar mal y que debe utilizarlas sólo en algunas situaciones.

➤ **Recuerda** que escandalizarse es una manera de reforzar determinados comportamientos.

La distracción

Ante las peticiones que no se pueden conceder o los enfados que no parecen terminar suele ser eficaz utilizar la distracción. Las emociones negativas se suavizan cuando somos capaces de centrar la atención en otras cosas.

Si tu hijo empieza a pedirte un juguete que no le vas a comprar o una galleta que no le vas a dar, háblale de otra cosa, de algo especialmente significativo para él. A los niños pequeños les gustan que les cuenten historias o que les recuerden sucesos que les han pasado. En cierta manera, lo que tratamos es enfriar las cosas, no dejar que se desborden y así lograr controlarlas. Es mucho más fácil usar la distracción que conseguir calmar a un niño cuando pasa por una de sus rabietas.

Ten preparadas historias para utilizarlas en cualquier momento.

Pídeles que miren un objeto llamativo, un cuento, a alguna persona que viene por la calle... Un simple «mira» expresado de forma convincente suele ser suficiente para que el niño piense en otra cosa.

En ocasiones, lo que sucede es que no podemos darles lo que nos piden porque no lo tenemos. La distracción también ayuda. No dudes en utilizar toda tu imaginación. Piensa en el siguiente ejemplo: tu hijo te pide más galletas, pero se han acabado. Llora desesperadamente aunque tú le dices que iréis a comprar en cuanto abran la tienda. Dile que a ti también te gustaría poder comer más y poneos a imaginar cómo sería una galleta gigante, cuánto chocolate tendría... En cuanto esté calmado, te será más fácil distraerle con otra actividad.

A pesar de todos nuestros esfuerzos los niños pueden mostrarse especialmente constantes y tenaces a la hora de conseguir lo que desean. La distracción no siempre funciona y a veces es conveniente que los niños se enfrenten a nuestra negativa para que vayan aprendiendo a afrontar las frustraciones sin enfadarse continuamente por ello.

Si papá o mamá dicen que NO es que NO, y poco a poco deben aprender a aceptarlo. Podemos ayudarles con la distracción, con una explicación, con un tono firme, con tranquilidad y sin perder la paciencia, pero deben poner de su parte para asumir una negativa.

Técnicas disuasorias

El objetivo es conseguir que nuestro hijo deje de realizar conductas inadecuadas. Para conseguirlo:

1. Expresa una orden de forma breve. El niño no va a entender largos sermones que le digan que debe bajarse de la mesa porque ésta se puede romper y ha

costado muy cara y papá se pasa todo el día trabajando para conseguir el dinero... Es suficiente con un rotundo «¡No!» o «¡Basta!» o «¡Para!» o «¡Me estoy enfadando!» para conseguir llamar la atención de nuestro hijo y que éste reaccione. Por supuesto, sobran los insultos o las palabras malsonantes.

➤ **Recuerda** que no tratamos de hacer sentir al niño culpable por «lo malo que es», sino que se dé cuenta de que no está actuando de forma adecuada.

2. Deja un poco de tiempo para que tus palabras surtan efecto y podáis centrar vuestra atención en el paso siguiente.

3. Explícale las consecuencias de su acción. Éstas pueden ser muy diferentes en función de cómo hayáis ido construyendo las normas y sus consecuencias. A continuación encontrarás algunas de ellas.

El tiempo para pensar

La técnica consiste en retirar al niño de una determinada situación para que piense sobre lo que ha hecho. Podemos colocar una silla en un lugar del pasillo o en algún rincón de la casa que no le hagan sentirse especialmente aislado, pero sí alejado de cualquier elemento que pueda ser reforzante (carece de sentido mandarle a su cuarto donde están todos los juguetes o sentarle en un lugar desde el que puede ver la televisión).

El objetivo es que el niño reflexione, sea consciente de que una conducta inadecuada tiene una consecuencia. Además, le permite relajarse sin necesidad de tener que utilizar continuamente amenazas o gritos.

Es importante que tengamos claro que el tiempo para pensar no equivale al cuarto oscuro. No tratamos de asustar al niño, sino de hacerle ver que no puede ir por la vida haciendo lo que le parezca, sino que tiene que aprender a convivir con otras personas y con las cosas.

Por lo tanto, no le amenaces con el tiempo para pensar, pero sí déjale claro que deberá pararse a reflexionar sobre su comportamiento cuando éste no sea el adecuado.

¿Realmente va a pensar? Posiblemente no, entre otras cosas porque los niños más pequeños ni siquiera entienden ese concepto. Pero lo que está claro es que esos minutos en los que va a estar alejado de la situación le van a permitir relajarse y descubrir que debe actuar con más calma si no quiere que le volvamos a pedir que salga de la habitación en la que está jugando, comiendo, viendo la tele, etcétera.

Veamos la secuencia de esta técnica:

1. Avísale de que su comportamiento no está siendo el adecuado. Sin gritos ni enfados, en un tono firme y seguro, dile a tu hijo que lo que está haciendo no está bien, y pídele que no lo repita. Aunque te parezca una estupidez, hazlo con la confianza en que tu hijo va a hacerte caso. Si se lo dices pensando que va a pasar de ti, entonces posiblemente se nota hasta en tu tono de voz. El niño debe sentir que realmente le estás dando la oportunidad de comportarse de otra manera.

2. Si el comportamiento finalmente se repite, entonces con el mismo tono de antes le dices que su conducta no está bien y que si la vuelve a repetir irá a pensar a su silla o rincón.

3. Si de nuevo repite la conducta, llévale al rincón de pensar. Hazlo con tranquilidad: le coges de la mano y le pides que se quede ahí sentado. El tiempo variará en función de la edad del niño (un minuto por año suele ser suficiente). Explícale brevemente por qué va a estar sentado ese tiempo y que volverás a buscarle para que pida perdón o arregle lo sucedido. Si el niño se levanta a los dos segundos, vuelve a llevarlo a donde estaba y repítele todo lo anterior.

➤ **Recuerda** que para decirle que estás enfadado no es necesario que grites o que pierdas los papeles.

4. Una vez pasado el tiempo (o menos si el niño muestra que está preparado para arreglar las cosas) pídele que se disculpe (que pida perdón a su hermano si le ha pegado), que recoja los juguetes que haya tirado y enséñale a decir que lo siente.

5. Felicita al niño después de que se haya disculpado y no des más importancia al tema. Hacemos borrón y cuenta nueva. Por eso es importante que no prestes una atención excesiva al niño, ni le mimes con abrazos y besos tratando de disculparte como si te sintieras mal por mandarle a pensar. Permite que las cosas sigan su curso.

Una vez más esta técnica sólo puede funcionar si la complementamos con un refuerzo adecuado. Si tú estás en la cocina y sólo sales de ella para llevar a tu hijo a la silla de pensar, entonces hará cualquier cosa para que le prestes atención.

Por otro lado, no conviene abusar de esta estrategia. Posiblemente recuerdes a tu compañero de clase que se pasaba todo el día en el pasillo; los profesores siempre encontraban un motivo para echarle del aula. Realmente se tienen pocas oportunidades de aprender si estamos al margen de todo. Elige los comportamientos que quieres modificar para utilizar esta técnica.

El tiempo para pensar también puede utilizarse fuera de casa, aunque para ello es necesario que lo hayamos utilizado anteriormente en el hogar de una forma sistemática. Quedarse sentado en el banco del parque durante unos minutos porque ha tirado arena a otro niño cumple la misma función.

Cuando somos constantes en la utilización del tiempo para pensar lo más frecuente es que el niño aprenda a responder ante los avisos y advertencias que le haces, por lo que conseguiremos que aprenda a respetar las normas la primera vez (como mucho, la segunda) que se las recordamos.

Retirar los reforzadores

La técnica consiste en retirar algo que es agradable para el niño ante un comportamiento inadecuado. Si tu hijo está jugando y se pone a gritar, puedes avisarle de que si sigue gritando le dejarás sin juguetes durante unos minutos y que se los devolverás cuando esté tranquilo.

Como ves, la dinámica es muy similar a la del tiempo para pensar.

En ocasiones la retirada de reforzadores se utiliza como la eterna amenaza: «Si no comes, no vamos al parque», «Si no te vistes, no tendrás regalos en tu cumpleaños», etc. No se trata de eso. Las amenazas sirven de poco al niño, sobre todo si es muy pequeño ya que no entiende muy bien que exista una relación entre su comportamiento y lo que va a suceder dentro de dos meses. Por lo general, además, solemos amenazar con cosas difíciles de cumplir, con lo que nuestros hijos aprenden a pasar rápidamente de este tipo de mensajes.

Para que retirar refuerzos sea eficaz es necesario que:

• Se aplique de forma inmediata (sobre todo en niños pequeños). Apaga la tele si tu hijo empieza a gritar y dile que volverás a encenderla cuando se calme. Recuerda que si aplazas la consecuencia para dentro de unas horas o unos días («Te quedas sin ir al cine la semana que viene», por ejemplo) no te será de utilidad.

• Sea constante. Las consecuencias de una acción no pueden depender de tu estado de ánimo o de tu enfado.

• Exista la posibilidad de conseguir el refuerzo de nuevo. El niño debe tener la posibilidad de poder «arreglar» las cosas, bien pidiendo perdón bien mejorando su comportamiento.

• No tenga una duración exagerada. «Te quedas sin ir al parque una semana» para tu hijo tan pequeño no tiene sentido. Es preferible que se quede sin parque un día si hoy no se ha portado bien en el colegio. Además, las penalizaciones largas tienen el problema de que posiblemente tengas que saltártelas porque son imposibles de cumplir por tu parte (al final, terminas yendo al parque con él porque tienes que llevar a tu otro hijo), por lo que transmitirás al niño la idea de que tu palabra no vale demasiado. Y además, ¿qué haces con un niño dando saltos una semana en casa?

• El niño entienda el porqué. Debes explicarle la razón por que le retiras el refuerzo para que establezca la relación lógica con su comportamiento.

Ejemplo: Le da igual lo que le digas

Carmen tiene 8 años. Sus padres la describen como una niña muy inteligente que siempre está poniéndoles a prueba. Cuando se enfadan con ella, la mandan a su cuarto a estudiar y no la dejan salir durante un par de horas. Le han dicho que si no mejora su comportamiento no tendrá fiesta de cumpleaños, ni podrá salir con sus amigas, pero le da igual. Sus padres intentan que esté contenta y no dudan en hacerle algún que otro regalo ante cualquier cambio en su comportamiento. Si le dicen que hoy no sale, ella busca las vueltas para finalmente irse con sus amigos al parque, prometiendo que va a cambiar. ¡Con tal de no oírla sus padres le dan lo que pide!

▼ Observa:

- Carmen nunca ha tenido límites. Sus padres no han sabido imponer unas normas claras y ella ha aprendido a salirse con la suya.
- No tiene sentido castigar con ir al cuarto a estudiar. Si queremos que ciertas actividades no se vivan como una imposición, no podemos utilizarlas cada vez que la niña se porta mal.
- Carmen puede estar en su cuarto durante horas. Es capaz de entretenerse con sus libros y sus juguetes. Los padres están tranquilos durante este tiempo y siempre da la sensación de que lo que desean es deshacerse de ella (la dejan finalmente ir al parque y salirse con la suya para evitar discusiones).
- Los intentos que hacen los padres para mejorar el comportamiento de su hija es hacerle regalos de vez en cuando.

▲ ¿Qué podemos proponernos?

1. Fijar con claridad unas normas y sus consecuencias. Habrá que aprender a aguantar el tirón. Aunque Carmen nos prometa que va a cambiar, deberemos decirle con calma que debe demostrárnoslo antes de conseguir cualquier premio.
2. Establecer un horario de estudio y evitar utilizar esta actividad como castigo.
3. Dar importancia a la relación con Carmen y empezar a relacionarse con ella sin estar continuamente peleándonos o negociando si sale o no.
4. Pensar un poco más en los premios que le damos para que no consiga cualquier cosa ante un mínimo cambio de comportamiento o una promesa.

La ineficacia de las bofetadas

El castigo físico no es una estrategia educativa. Ni el cachete, ni la bofetada, ni muchísimo menos la paliza contribuyen a mejorar el comportamiento del niño. Más bien al contrario; cuando la agresión se convierte en una constante en la relación, son tantos los sentimientos de ira que se generan que el niño reprime su conducta delante del que le castiga, pero no puede controlar su agresividad en otras situaciones. En otras palabras, el niño aprende a pegar porque ha visto que es útil para manejar la conducta de los otros.

El cachete en el culo o la bofetada forman parte de nuestra cultura y, sin reflexionar demasiado sobre ella, podemos repetir lo que hemos visto en nuestros mayores con nuestros hijos. La mayoría de las veces lo hacemos por imitación, pero otras tantas son el resultado de una falta de autocontrol. El padre que se siente desbordardo ante el mal comportamiento de su hijo termina dándole un bofetón. ¿Qué ocurre? Pues que funciona. Como por arte de magia, el niño se calla. Ha sido mucho más efectivo, al menos aparentemente, que el tiempo para pensar o la retirada de algún reforzador. Pero no nos dejemos engañar: castigar de esta manera tiene una serie de desventajas:

- Genera sentimientos negativos. Si ha sido tu caso, intenta recordar cómo te sentiste cuando un adulto te pegó. Ahora dices que le entiendes, que sabes que lo hacía por tu bien, pero lo cierto es que en ese momento te enfadaste con esa persona. Posiblemente deseaste ser igual de fuerte para responderle de la misma manera. La venganza, la ira, la frustración, la impotencia... son sentimientos demasiado negativos que no favorecen una buena relación entre padres e hijos.
- No enseña conductas alternativas. La bofetada te dice que dejes de gritar, que te estés quieto, que no pegues (menuda contradicción, ¿no?), pero no te enseña a hablar más bajo, a estar atento, a pedir perdón o arreglar las cosas.
- Sólo funciona cuando está presente el castigador. El niño se comporta «bien» cuando está presente la persona que le castiga.
- Cada vez es necesaria más violencia. Si únicamente se utiliza el castigo físico para cambiar el comportamiento del niño, éste necesariamente irá en aumento.

Si un niño recibe una bofetada para que se calle, la primera vez lo hará, pero se irá acostumbrando y la siguiente vez serán necesarias dos bofetadas, y luego tres... ¿Dónde estará el límite?

• Provoca violencia. El niño aprende que la ley del más fuerte es la que funciona, así que no durará en pegar a sus compañeros, a otros adultos, a quien haga falta, para conseguir lo que quiere.

Pegar al niño es ineficaz; el padre libera su tensión, pero demuestra su falta de control para enseñar a su hijo a comportarse de forma adecuada con otras estrategias más positivas.

Si alguna vez has pegado a tu hijo no te culpes por ello, forma parte del pasado. Pero convéncete de que existen otras maneras de conseguir mejorar su comportamiento, que además contribuirán a fortalecer las relaciones que existen entre vosotros.

Diez pistas para recordar

- Establece una normativa clara, sencilla y coherente. Los niños se portan mejor si saben a qué atenerse.
- Tener un horario nos permite saber en cada momento lo que hay que hacer. Elabora uno que cubra vuestras necesidades.
- No te olvides de incluir normas que hagan referencia al respeto hacia los demás y hacia todo cuanto nos rodea.
- No vivas la relación con tu hijo como una lucha de a ver quién puede más. Acepta el conflicto como algo que os enseña a ambos a mejorar vuestra relación.
- Confía en tu capacidad como educador. Cuida lo que dices y cómo lo dices, muéstrate firme y convincente y dirígete al niño con mucho respeto.
- Olvídate de las etiquetas que inmovilizan al niño.
- La atención es la mejor estrategia para mantener comportamientos adecuados. No dudes en mirar a tu hijo, felicitarle, abrazarle, etc., para animarle a que siga así.
- Favorece la autonomía. Tu hijo necesita que le apoyes en sus progresos, que le recuerdes que él puede.
- No abuses de los reforzadores materiales. Favorece el encuentro con tu hijo y compartid actividades y experiencias que os ayuden a disfrutar estando juntos.
- Acompaña la retirada de reforzadores o el tiempo para pensar con otras técnicas que te permitan fortalecer los comportamientos adecuados.

TERCERA PARTE

Para poner en práctica

Capítulo VI

Estrategias para la vida cotidiana

La vida diaria nos ofrece múltiples ocasiones para poner en práctica todos los recursos que hemos visto en los capítulos anteriores. Ya conoces las técnicas, también has aprendido a manejar tu actitud como educador. Ahora nos toca aterrizar en el día a día.

Las siguientes situaciones te permitirán ir concretando todo lo que ya sabes. Verás que se trata fundamentalmente de mantener la calma y de saber claramente lo que deseas conseguir.

Lo lógico es que tu hijo se oponga a la mayoría de los cambios que quieras introducir. Recuerda que eso no es malo. Si hace tiempo que existen hábitos inadecuados, el niño puede sorprenderse, pero aceptará de buen grado lo que le digas si eres constante y confías en lo que te has propuesto.

Los resultados también pueden asombrarte a ti.

Ante gritos e insultos

Como la mayoría de las conductas que descubre el niño pequeño, gritar le suele producir placer. De repente se escucha a sí mismo y, además, se da cuenta de que puede modular su voz y hablar realmente alto.

Los niños gritan para expresar alegría y júbilo, y así cuando juegan chillan sin control. Los adultos solemos favorecer este tipo de respuestas cuando jugamos con ellos a perseguirles o hacerles cosquillas.

Pero todos somos conscientes de que no se puede gritar en cualquier sitio ni en cualquier situación. Los gritos molestan y no es conveniente que el niño aprenda a pedir las cosas o exigir nuestra atención hablando alto.

Si tu hijo grita, intenta averiguar por qué lo hace:

• Quizá en tu casa hay demasiado ruido y todos, sin daros cuenta, necesitáis hablar un poco más alto de lo normal para poder comunicaros. Si es así, empieza por eliminar todo aquel ruido innecesario. No hace falta tener la televisión encendida todo el día ni ponerla a todo volumen para escucharla, evita usar varios electrodomésticos al mismo tiempo, etcétera.

• Quizá tú gritas con demasiada frecuencia, bien para relacionarte con el niño bien para hacerlo con otras personas. Recuerda que eres un modelo para tu hijo y que repetirá lo que te vea hacer a ti para conseguir resolver sus problemas. Si vas conduciendo gritando a los demás conductores o si cuando tratas de imponer tu punto de vista con amigos levantas la voz, entonces él hará lo mismo. No te queda más remedio que empezar a relajarte y cambiar tu modo de dirigirte a los demás.

• Quizá haya aprendido que puede conseguir lo que quiera dando voces. Tú has intentado dirigirte a él con dulzura y él te responde a gritos. Veamos lo que se puede hacer en ese caso:

1. Explícale la norma: «No se puede gritar». Dile también que cuando te pida algo a gritos no se lo darás.

2. No cedas a sus peticiones cuando lo haga gritando. Todos sabemos que es muy molesto tener a alguien dando gritos, pero no cedas. Repítele que si quiere algo debe hablar más bajo.

3. Impón un tiempo de reflexión siguiendo los pasos que ya hemos visto.

➤ **Recuerda** que si tu hijo se ha acostumbrado a gritar necesitará un tiempo para aprender otra conducta. Es cierto que a veces ese tiempo parece interminable, pero no lo es. Confía en el cambio siendo constante en la aplicación de las estrategias.

Algo tan molesto o más que los gritos son los insultos. Escuchar a nuestro hijo como nos llama «tontos», «idiotas», etc. no suele sentarnos demasiado bien. Lo primero que sentimos es que estamos perdiendo el control y si, además, lo dice delante de otras personas, entonces parece lo último que se podría permitir.

Toda persona que haya estado con niños y con un mínimo de sentido común sabe que éstos pueden actuar de la manera más sorprendente posible sin que ello implique que están siendo maleducados por sus padres. Es importante tener esto en cuenta, pues la presión que los demás ejercen sobre nosotros puede llevarnos a realizar conductas inadecuadas. Así que convéncete de que no eres un mal padre si alguna vez tu hijo te insulta, aunque lo haga delante de otras personas.

Tu hijo juega con el lenguaje, reproduce las palabras que ha oído y empieza a repetir aquellas que han sido reforzadas. Si utiliza los insultos para llamar tu atención, recuerda que no hacerle caso es la mejor estrategia para que no lo vuelva a repetir.

En otras ocasiones lo que sucede es que el niño se siente tan mal por lo que ha hecho que lo *paga* con un insulto hacia el primero que se le cruza en su camino. Si llegas a su cuarto y te encuentras con que ha roto el juguete que le acaban de regalar y tú exclamas: «Pero ¿qué has hecho?», lo más probable es que no pueda soportar la ansiedad que le ha generado lo ocurrido y conteste con: «Déjame en paz, tonto».

¿Qué se puede hacer en esos casos?

1. Es fundamental mantener la calma. Tú eres el adulto y sería absurdo que entraras en su provocación. Debes entender que el insulto no es hacia ti, sino una forma de expresar todo el malestar que siente. Eso no significa que haya que permitírselo, pero desde luego no resolvemos nada si también nosotros le insultamos o si le damos un bofetón. Es normal que te moleste, pues a nadie le gusta que le insulten, pero quédate tranquilo.

2. Explícale a tu hijo por qué se comporta así: «Estás enfadado, pero me lo puedes decir sin necesidad de insultar». Díselo en un tono tranquilo.

3. Aplica un tiempo para pensar y pídele que se disculpe.

4. Aprovecha también tú ese tiempo para relajarte. Por muy adultos que seamos, ciertas palabras nos molestan y no debemos dejar que lo ocurrido pueda interferir en el resto del día.

➤ **Recuerda** que una vez que el niño se ha disculpado es fundamental que olvidemos lo ocurrido y no estemos todo el día recordándole lo mal que se ha portado, ni contándoselo a todo el mundo. Tu hijo ya ha recibido su sanción y si cuando venga otra persona le va a sermonear o castigar por lo sucedido lo único que hacemos es aumentar el malestar del niño, no ayudarle a que se comporte mejor.

Cuando «pasamos» de los insultos del niño le estamos enseñando a manejarse en situaciones difíciles. A lo largo de su vida se va a encontrar con personas que le insulten para hacerle daño; si ha visto cómo tú afrontas esta situación con tranquilidad y entereza, él aprenderá a hacerlo y se defenderá sin necesidad de entrar en la provocación.

Vestirse

La mayoría de los problemas que surgen a la hora de vestirse vienen provocados por:

• El excesivo protagonismo que queremos dar a los niños. La mayoría de las veces disponen de un montón de cosas que ponerse y lo tienen todo disponible y, con tal de no oírles llorar o gritar, hemos ido optando por dejarles que se pongan lo que quieran. Al final les hemos dejado salir con una camiseta de manga corta en pleno invierno, porque no ha habido forma de que se ponga nada encima. Los padres que han vivido algo parecido lo entenderán perfectamente.

• Las prisas que llevamos, que nos obligan a no dedicar demasiado tiempo a las actividades cotidianas. Los adultos podemos vestirnos en un par de minutos, pero los niños, si queremos que realmente aprendan, necesitan algo más de tiempo. Por otro lado, las prisas nos llevan a tratar a los niños como «muñecos de goma»: les hacemos meter la cabeza por el jersey apretado que «pica», les embutimos en leotardos y finalmente les metemos un gorro que les tapa media cara. Cualquiera de nosotros protestaría en esa situación, ¿no?

• La facilidad de los niños para distraerse con cualquier cosa que pase por delante de ellos. Tu hijo no entiende que las agujas del reloj se mueven y que eso significa que queda poco tiempo para coger el autobús o entrar en el colegio. Para él, un juguete que acaba de ver o desnudarse de nuevo es mucho más divertido que ponerse los calcetines. Entender que los objetivos del niño son, con frecuencia, diferentes a los del adulto es fundamental para diseñar estrategias que nos permitan conseguir lo que pretendemos.

¿Qué nos ponemos hoy?

Poder elegir es una de las sensaciones más agradables y sanas que podemos experimentar las personas. Cuando uno siente que puede decidir sobre lo que hace, lee, come o compra, siente que controla su vida y eso es fundamental para cualquiera de nosotros.

También lo es para el niño. Pero debemos ser conscientes de que su capacidad para elegir no es la misma que la del adulto. El niño que se sitúa ante un escaparate lleno de juguetes no sabe ni dónde mirar. Le cuesta centrar su atención, no sabe lo que quiere y suele sentirse bastante desconcertado. Es demasiado pequeño para decidir y por eso necesita que el adulto le guíe y le dé pautas claras que le permitan sentirse cada vez más seguro.

Cuando el adulto ofrece demasiadas alternativas al niño, le está transmitiendo la idea de que él tampoco sabe muy bien lo que quiere. Sacar cosas del armario, una tras otra, esperando encontrar la aceptación de nuestros hijos no es una buena estrategia para hacerle sentir seguro de sí mismo.

• Decide tú qué ropa es la más adecuada para tu hijo. Tú eres quien sabe qué es lo que debe ponerse en función del tiempo que haga, de sus necesidades, de las actividades que vaya a realizar. Suele ser de gran ayuda dejar preparada la ropa la noche anterior y entrar en esa dinámica para evitar los berrinches de por la mañana.

• Cuando sea posible, dale a elegir entre dos prendas similares (nunca más de tres) para que el niño pueda optar por la que más le guste.

• Intenta ponerte en el lugar del niño para «descubrir» las prendas incómodas. Es normal que le coja manía a un jersey de cuello alto que os obliga a estar minuto y medio para ponérselo y dos para quitárselo. Salvo que no quede otro remedio, no merece la pena tanto sufrimiento.

• Adelántate a las posibles manías. Algunos niños sólo se visten de verde o con camisetas con sus personajes de dibujos preferidos. Suele ser algo pasajero de lo que no hay que preocuparse, pero resulta bastante incómodo y poco práctico tener que comprar la ropa de un determinado color o siempre limpia la camiseta. Pon límites a este tipo de comportamientos antes de que estén demasiado instalados. Dile que lo has puesto a lavar, prémiale cuando se ponga otra prenda, etcétera.

• Guarda lo que no se esté utilizando o no quieres que se ponga. Si en el armario está junta la ropa de invierno y de verano, es muy probable que hoy, cuando el termómetro marca 37 °C, decida ponerse las botas de agua. Es mucho más fácil todo cuanto las opciones no están disponibles.

• Reserva los disfraces. El armario de la ropa no es el mejor lugar para guardar el disfraz de Superman o de Blancanieves. Se le puede antojar ponérselo hoy para ir al colegio. Disfrazarse es una actividad muy divertida, pero hay que buscar el momento adecuado para ella.

Fomentar la autonomía

El niño necesita aprender a vestirse solo y eso puede conseguirlo únicamente cuando practica. Desde que son pequeños, podemos irle enseñando cómo se colocan las diferentes prendas, aunque todavía no tenga capacidad para hacerlo. Ya de bebés, debemos darle indicaciones verbales mientras le sujetamos la cabeza para ponerle el jersey o le levantamos los brazos para que los meta por las mangas. Estas ayudas verbales le permiten ir estructurando el hábito de vestirse, a la vez que se sienten no como muñecos con los que se juega, sino como sujetos activos en la actividad. Decirles «Venga, ahora la cabeza, muy bien; ahora ponemos una manga levantando este bracito, así, estupendo, y ahora el otro, muy bien» no es una perogrullada, sino hacer partícipe al niño de su propia vida.

Para facilitar este aprendizaje podemos:

• Permitirle que haga solo lo que pueda ir haciendo. Y los niños pueden hacer muchas más cosas de las que nos imaginamos. La primera vez que se ponga un pantalón meterá las dos piernas por la misma pernera. No le quites el pantalón haciéndole ver que es un inútil y que no sabe hacer nada solo; alaba el progreso y ayúdale a poner cada pierna en su sitio.

• Elegir prendas cómodas y fáciles de poner. A un niño le cuesta mucho más atarse los cordones de sus zapatos que abrocharlos con velcro. Le facilitarás mucho el aprendizaje con prendas sencillas, él se sentirá mucho más confiado en que puede hacerlo y seguirá practicando con otras más complicadas.

• Proporcionarles juegos y muñecos en los que pueda practicar las habilidades que necesita para vestirse. Atar cordones, abrochar botones, poner camisetas, etc., puede ensayarlo con muñecos a los que viste y desviste y con los diferentes juegos que ofrece el mercado (también podemos utilizar recursos caseros con lazos, telas con botones y ojales...).

• Darle tiempo suficiente para que se vista, intentando eliminar las prisas en la medida de lo posible. Es mucho más fácil ponerle los zapatos que esperar a que él se los encaje y se los ate. Pero carece de sentido. Debemos dedicar el tiempo necesario para que el niño pueda vestirse solo, dándole las pistas y ayudas físicas que necesite.

• Ser generosos en felicitaciones y alabanzas. Aunque nos parezca lo más sencillo del mundo ponerse un jersey, lo cierto es que no lo es tanto para el niño. No dudes en felicitar al niño por cada progreso que realice, haciéndole ver lo contento que estás.

• Acompañarle. Está claro que nuestro objetivo es que aprenda a vestirse solo, pero el hecho de que sepa ponerse los zapatos no significa que pueda atárselos. Vestirse es una tarea complicada y no podemos pretender que adquieran tal destreza con un par de ensayos.

En general los niños quieren hacerlo todo solos. Cuando ven que son capaces, desean que les dejemos lavarse los dientes, llevar los platos, ponerse los calcetines... y todo eso sin nuestra ayuda. Pero lo cierto es que no pueden, que todavía necesitan un apoyo hasta que la práctica les permita manejarse por sí mismos. Debemos potenciar esta iniciativa para animarles a que lo intenten, proporcionándoles apoyos, pero permitiéndoles que se sientan ellos los protagonistas.

¿Qué hacer cuando se quita la ropa?

Es mucho más fácil desvestirse que vestirse y, además, es el paso previo. Los niños pequeños se quitan una y otra vez los zapatos o los calcetines que tanto esfuerzo nos cuesta ponerles. Para ellos es un juego, pero también una forma de conocer cómo funciona el *invento*.

Cuando son mayores también les gusta quitarse la ropa y, de repente, nos les podemos encontrar corriendo desnudos por toda la casa después de haber invertido más de media hora y mucha paciencia en prepararles para salir a la calle.

Es fundamental mantener la calma en estas situaciones. Si tu intención es salir a la calle, vístele en el último momento, cuando tú también estés preparado para hacerlo. Si le dejas vestido una hora antes de salir, lo más probable es que ocurran mil cosas que te obliguen a vestirlo de nuevo (se ha quitado la ropa, se la ha manchado, etc.).

Cuando se baja la cremallera del pijama, está aprendiendo su mecanismo. Enséñale también a subírsela. Cuanta menos importancia le des al tema, menos probable es que llegue a convertirse en un problema.

Si se quita la ropa para llamar tu atención, hazle ver que no le sirve. Date la vuelta y dile que saldréis o jugaréis cuando se haya vestido de nuevo. Y no le persigas por toda la casa para ponerle la camiseta, está jugando contigo y lo más probable es que eso te haga perder la paciencia. Déjale claro que es hora de vestirse.

Cuando no quiere vestirse

Algunos niños tardan demasiado tiempo en vestirse porque se entretienen o porque simplemente quieren llamar nuestra atención. En estos casos, es importante asegurarse de que el niño sabe hacer las cosas por sí solo y acompañarle mientras se viste para que viva este momento como algo reforzante en sí mismo. Abraza y felicita a tu hijo cuando termine de vestirse, haciéndole sentir una persona valiosa.

Cuando el niño es mayor y simplemente «pierde el tiempo» porque le es más divertido jugar o ponerse a leer o a ver la tele, puede sernos de gran utilidad aplicar un sistema de puntos.

Así tú no sales

A medida que va creciendo, tu hijo irá exigiendo más independencia para elegir las prendas que desea ponerse, dejándose llevar fundamentalmente por las modas. Desea comprarse las zapatillas de su amigo o la cazadora que llevan sus cantantes favoritos. Por lo general, los padres no suelen ver atractivas esas prendas y suelen surgir conflictos sobre cómo se debe vestir.

1. Transmite a tu hijo los valores que creas adecuados. Si consideras que no es necesario gastarse demasiado dinero en ropa, díselo y no entres en el juego de comprar lo más caro por el simple hecho de que esté de moda. No le haces ningún bien comprándole todo lo que pide, ni ningún mal si no se lo compras (aunque lo tengan todos sus amigos).

2. Establece normas claras sobre cómo se puede vestir, peinar, etc. Puedes poner las que consideres oportunas, pero no caigas en el error de dejarle que se salga con la suya si tú no estás de acuerdo. Siempre es más sencillo dejar hacer que imponerse, pero no es lo que mejor educa.

3. Mantente firme ante la protesta. Es normal que tu hijo se queje cuando le recuerdas que así no va a salir a la calle o que debe cambiarse para ir a la escuela.

4. Y acepta el enfado. Posiblemente se pase callado todo el camino; hazle ver que entiendes su enfado y no le des más importancia.

Para el adolescente es fundamental sentirse miembro del grupo de referencia. Ir como sus compañeros o como dicta la moda es una forma de sentirse mayor, de *independizarse*. Con ellos resulta mucho más complicado ejercer este tipo de autoridad (tampoco es necesario), pues cambiarse radicalmente de peinado o de forma de vestir es la manera de reivindicar su identidad.

En estos casos la aceptación es la mejor estrategia para mostrar respeto hacia esa identidad. Desde ahí nos será más fácil mostrar nuestra opinión, transmitir nuestra experiencia, acercarnos a nuestro hijo.

¡A comer!

Comer es la actividad que nos permite obtener los nutrientes que necesitamos para poder vivir. Pero en nuestra sociedad sentarse a comer es además un acto social que implica relacionarse con los otros.

Una vez que nos colocamos alrededor de la mesa no sólo disfrutamos de la comida sino también de las personas con quienes la compartimos.

Por eso, aprender a comer supone un doble aprendizaje:

• Por un lado, adquirir unos buenos hábitos de alimentación que incluye comer de todo y en cantidades adecuadas.

• Por otro, saber estar en la mesa, utilizar bien los cubiertos, participar en las conversaciones...

Como podrás imaginarte ninguno de estos dos objetivos se consiguen de la noche a la mañana. Se trata de un proceso que requiere su tiempo en el que es fundamental que los padres (y educadores en general) posibilitemos que el niño se maneje por sí mismo en lo que puede hacer y aprenda a vivir la experiencia de comer como algo agradable y de lo que puede disfrutar.

Nuestra sociedad da una gran importancia al tema de la comida. Muchos de nosotros hemos aprendido que comer bien significa comer mucho y paradójicamente nos llevamos las manos a la cabeza cuando vemos un niño delgado y cuando vemos a un adulto obeso. La mayoría de los padres quieren que sus hijos coman y pueden convertir los momentos de la comida en una especie de persecución para que el niño abra la boca y trague todo lo que le damos.

¡Por supuesto que es importante que el niño coma! Pero vamos a ver cómo también son importantes otros aspectos que deberemos cuidar para conseguir que nuestros hijos aprendan a comer de forma sana y a disfrutar de ello.

Cómo crear un entorno agradable

Recuerda que lo que queremos conseguir es que:

- El niño disfrute de la comida. Carece de toda lógica que le forcemos a que trague todo lo que le damos mientras llora y forcejea con nosotros. ¿Has intentando comer cuando estabas llorando o muy nervioso? Es imposible. Todo tu cuerpo se niega a comer. Recuerda que no es una lucha, no podemos dejar que se convierta en una acción de «a ver quién puede más». En estos casos lo que suele suceder es que el niño termina vomitando la comida y de nuevo lo sucedido confirma nuestra idea de que con nuestro hijo no se puede.
- El niño aprenda a comer de todo y no sólo lo que le gusta. Debemos incluir en su dieta alimentos variados que le permitan probar de todo.
- Los momentos de la comida se conviertan en un tiempo familiar donde compartir experiencias positivas. «Vamos a hablar de lo que nos gusta» debe ser la premisa básica para comunicarnos.

El ambiente agradable pasa por cuidar de forma especial los momentos de la comida. Busca un espacio donde podáis sentaros todos a comer plácidamente y colocaos alrededor de la mesa de manera que podáis veros las caras unos a otros.

Te evitarás muchos problemas si existen rutinas claras como que cada uno tenga su sitio en la mesa o disponga de unos cubiertos propios.

La televisión suele ocupar un lugar más en nuestras comidas y nos solemos disponer alrededor de ella de tal manera que todos podamos verla. Si queremos conseguir que este momento sea algo diferente tiene sentido que apaguemos la tele. Esto posibilita que el encuentro familiar adquiera el tono que buscamos. No nos sentamos para ver la tele, sino para comer y hablar de cosas que nos apetecen. Puedes pensar: «En mi casa comemos con la tele y todos podemos hablar». No digo que no. Simplemente te animo a que descubras que es mucho más fácil participar en una conversación o atender a los niños cuando no hay un elemento distractor tan poderoso. Sin tele tus hijos aprenderán a comer más rápido (no es que sea lo más importante, pero hay que reconocer que algunas comidas se hacen interminables), se sentirán más animados a hablar y a contar lo que les sucede (recuerda que los padres de adolescentes se quejan de la falta de comunicación) y podrás mostrarles la atención necesaria para enseñarles a coger los cubiertos, limpiarse con la servilleta...

¿Por dónde empezamos?

Es fundamental que en nuestra casa esté más o menos fijado el horario de comidas y que forme parte de una rutina claramente establecida a lo largo del tiempo. Saber que cuando llegamos del cole se merienda o que después del baño está la cena contribuye a que el niño entre en una dinámica sencilla que le permita ir estructurando su concepción del tiempo y del espacio.

Pues empezaremos lavándonos las manos. Si se acaban de bañar podríamos prescindir de esta actividad, pero la verdad es que no está de más que haya un pequeño gesto que nos indique que ahora vamos a hacer otra cosa. Los niños deben conocer cuándo llega el momento de la cena (generalmente después del baño) y si queremos no pelearnos continuamente para que pongan o se sienten en la mesa, entonces habrá que crear hábitos consistentes relacionando varias acciones.

Después habrá que poner la mesa. Se trata de una actividad sencilla en la que incluso los niños más pequeños pueden participar. Poner los vasos (de plástico) o las cucharas pueden hacerlo desde edades muy temprana.

Intentaremos servir la comida inmediatamente después. Si los niños se sientan a la mesa, pero todavía nosotros dedicamos un buen rato a ultimar la cena, posiblemente nos les encontremos alborotados y con ganas de jaleo y esto no es un buen comienzo para un momento tranquilo, ¿no te parece?

Y ahora a comer/cenar. Algunos padres prefieren comer con sus hijos y otros esperan a que éstos estén jugando o dormidos para sentarse a la mesa y disponer de un momento de «adultos». Ninguna opción es mejor que otra y posiblemente esté sujeta a vuestros horarios o preferencias. Ahora bien, lo que está claro es que os debéis sentar con ellos, comáis o no. Recuerda que es un momento para hablar de lo que os gusta, y si no estáis o estáis realizando otras actividades en las que puedes prestar una atención a medias, no estamos cumpliendo con ese objetivo.

Además, tu presencia contribuye a anticipar y evitar posibles conflictos. Si desapareces de la sala a tu vuelta te puedes encontrar el pan por el suelo, el puré por el mantel o toda el agua derramada. Pero, si estás, te será más fácil transmitir serenidad, avisar de que deben portarse bien, distraerles si surgen enfrentamientos...

Ahora bien, no te sientas con ellos para darles de comer si pueden hacerlo ellos solos, insistir una y otra vez para que se lleven la comida a la boca o discutir continuamente por lo mal que se portan. Alaba de forma sincera y sin pasarte todos los progresos que hagan y organiza una actividad agradable para ellos después de cada comida (si es hora de irse a la cama, permíteles tener unos diez minutos de actividad agradable y relajada).

En resumen, lo que no debes hacer es:

- Permitir que se pueda comer a cualquier hora.
- Llevar a la mesa toda nuestra ansiedad. Hay que eliminar gritos, peleas, insultos...
- Dejar la preparación de los alimentos para última hora.

• Repetir a los niños continuamente frases como: «Cómetelo todo», «Pórtate bien», «Así no se coge el tenedor», «Deja el vaso»...

Lo que debes hacer:

• Organizar unos horarios de comida.

• Favorecer una comunicación tranquila en la que participen todos.

• Tener la comida preparada cuando se vaya a poner la mesa.

• Reforzar los buenos comportamientos y hábitos con frases como: «Qué bien estás comiendo», «Ya comes como un mayor», etcétera.

El comportamiento en la mesa

Cada uno de nosotros, en nuestra familia, hemos aprendido unas normas para sentarnos a la mesa. Y es lógico que sea así. Ahora bien, también está claro que existen unas normas sociales que nos permiten aprender a comportarnos en la mesa independientemente de con quién estemos comiendo y esto es algo que debemos intentar favorecer desde las familias.

Algo totalmente indispensable es favorecer la higiene. Como hemos dicho antes, debemos empezar por lavarnos las manos antes de sentarnos a la mesa. Una vez sentados, debemos ir enseñando al niño a limpiarse con la servilleta cuando sea necesario. Cuando son muy pequeños los niños se manchan la cara y las manos mientras comen, y eso les permite *conocer* a fondo los alimentos. A medida que van creciendo, es necesario que sientan la necesidad de limpiarse. Es suficiente con recordárselo de vez en cuando, al menos cuando se van a levantar de la mesa, y por supuesto olvídate de estar continuamente recordándoselo a lo largo de la comida con frases como «¡Qué sucio estás!» o «Pareces un guarro». Se trata de enseñarle, no de amargarle la comida.

En la medida de lo posible intentaremos que el lugar para comer sea cómodo y que podamos disponer del espacio suficiente para no tropezarnos continuamente con las cosas o con los demás. Y en cuanto se pueda, enseña a tus hijos a sentarse en una silla. Les hará ver lo mayores que son. Si es necesario, ponles un cojín.

Durante este tiempo, no se puede hacer otra cosa nada más que comer y charlar con los demás. Así que fuera los juguetes, los cuentos o cualquier otra cosa que pueda distraerle. A veces, sobre todo cuando nos encontramos con un niño inapetente, los padres optamos por cualquier remedio que nos permita hacerle comer. Posiblemente lo que consigamos es que aprenda que mientras no abra la boca su padre estará delante de él haciéndole monerías con un juguete. Y eso, para la mayoría de los niños, es mucho mejor que comer.

Debemos intentar que el niño adquiera una postura adecuada en la mesa y que no se baje de la silla hasta que no haya terminado de comer. Normalmente, si conseguimos mantener una charla animada, los niños permanecen sentados.

En cuanto al uso de los cubiertos, se trata de un aprendizaje paulatino donde lo más sencillo es utilizar la cuchara. Tu hijo empezó a hacerlo desde bien pequeño, llevándose la cuchara a la boca, la mayoría de las veces ya sin alimento pues lo había ido perdiendo por el camino. Al principio, es normal que se ensucien, como será normal que se les caiga la comida del tenedor una vez que la han pinchado en los primeros ensayos. El cuchillo es el elemento más difícil de utilizar, pero no debemos resistirnos a dejárselo utilizar por miedo a que se corte; cuando veamos que el niño puede empezar a usarlo, deberemos animarle a que lo haga, servirle de modelo para que aprenda a hacerlo e incluso ayudarle cogiéndole de los brazos y enseñándole directamente cómo debe moverlo. Lógicamente utilizaremos cuchillos que le permitan cortar pero poco peligrosos para ellos.

Ten presente que en estos primeros momentos comer con las manos se alternará frecuentemente con el uso de los cubiertos. Es algo completamente normal y permite al niño un mayor conocimiento de los alimentos. Paulatinamente deberemos insistir para que utilice la cuchara o el tenedor, haciéndole ver las ventajas y resaltando lo bien que lo está haciendo.

En este aprendizaje también le podemos enseñar que socialmente está permitido comer algunas cosas con las manos y le diremos el modo correcto de hacerlo.

Problemas en la comida

Los problemas para comer suelen ser muy frecuentes en la etapa infantil. Durante estos primeros años los niños pasan por importantes cambios que van desde tomar leche del pecho de la madre a comer alimentos sólidos con cubiertos, y todo esto en un intervalo muy breve de tiempo.

Paralelamente a esto, como recordarás del primer capítulo, nos encontramos con una fase de oposicionismo que suele darse, en mayor o menor medida, en todos los niños en torno a los 2-3 años. Si, además, los padres han demostrado una y otra vez lo importante que es para ellos la comida, nos encontraremos con relaciones basadas en «te quiero si comes» fácilmente manejadas por los niños que son muy listos.

Tu hijo aprenderá que le vas a hacer caso a la hora de la comida y que va a conseguir todo lo que quiera si logras hacerle comer. Así, no dudarás en prepararle lo que le gusta, quitarle la comida del plato porque te promete que se va a comer otra cosa, en comprarle aquello que desea o terminar dándole un batido de chocolate con tal de que coma algo...

Mal asunto.

A veces tu hijo no desea comer porque no se encuentra bien. Cambios físicos como la salida de los dientes o una enfermedad pueden explicar su inapetencia. En ocasiones, determinados acontecimientos como el nacimiento de un hermano o ingresar en el colegio pueden ocasionar pérdidas de apetito que se superan cuando el niño se adapta a la nueva situación.

Por otro lado, ante inapetencias constantes lo más adecuado es consultar al pediatra y seguir sus indicaciones.

En cualquier caso debemos ser conscientes y aceptar que no todos los niños son iguales y que su interés por la comida y alimentarse puede ser muy variable. En otras palabras, a unos niños les encanta comer y otros parecen alimentarse del aire.

¿Qué hacemos si a pesar de nuestros esfuerzos se niega a comer?

- Es fundamental que mantengas la calma. Cualquier manifestación de enfado servirá a tu hijo como reforzador por lo que seguirá negándose a comer porque sabe que así le haces caso. Por otro lado, la tensión que le generes impedirá que pueda tragar; así que mucha tranquilidad y paciencia.
- Sírvele en el plato la comida que consideres que debe comerse. Evita llenarle el plato (recuerda que no es un adulto).
- No le hagas vivir la comida como un castigo. Tu hijo ha hecho una bola con la carne; al final se la saca de la boca y tú, como castigo, le pones un filete más. ¿Puedes imaginarte lo que debe ser tener el plato lleno de comida cuando no tienes ganas y te sientes alterado porque tu madre está enfadada contigo? No le castigues con más comida.
- No entres en el juego de ponerle lo que él quiera. Si no quiere comer, déjale. Lo hará más tarde. Nadie se ha muerto de hambre teniendo la comida a su disposición.
- Evita que coma entre horas y sobre todo que pueda comer chucherías. A veces no es fácil, pues están demasiado accesibles en casa, en la calle... Con actitud calmada, dile que no.

¿Qué hacemos si come demasiado?

Algunos niños, desde que son muy pequeños, manifiestan un deseo casi impulsivo de comérselo todo y a todas horas. Los padres se *quejan* de la voracidad de sus retoños y se preocupan por futuros problemas de sobrepeso o de impulsividad. Estos niños necesitan comer más que otros, pero también deben aprender a hacerlo de forma ordenada, habituándose a unos horarios y evitando que coman entre horas.

Comentarios del tipo: «Te vas a poner como una foca», no le van a ayudar demasiado, así que elimina todos tus miedos en cuanto a futuros problemas con la alimentación y aprovecha su buen apetito para inculcarle una dieta equilibrada.

¿Qué hacemos si se levanta continuamente?

En los niños pequeños es normal el deseo de no parar quieto. El primer hábito que le enseñamos, en relación con este tema, es a sentarse en la trona (o en el coche) para que coma. Sentarse en su sillita o poner el babero son indicaciones de que ha llegado la hora de la comida. En función de la experiencia que el niño ha tenido este momento puede vivirse de una manera placentera o no. Por eso es importante que en estas primeras edades no se *obligue* al niño a comer a toda costa. Hablarles, a veces cantarles, o utilizar algunos juguetes para llamar su atención y tranquilizarles son algunas medidas totalmente válidas para intentar que el niño esté tranquilo y coma sin problemas.

A medida que va creciendo es importante ir retirando las canciones y juguetes, para dejar esa charla amena que le aporta al niño tranquilidad y le sirve como refuerzo.

No tiene sentido, aunque sea pequeño, que entremos en la dinámica de comer de cualquier manera con tal de que coma. Seguramente alguna vez te has visto persiguiendo a tu hijo por el parque para que haga la merienda, pero no puede convertirse en la tónica habitual de tu casa. Perseguir al niño por el pasillo, la habitación, mientras juega o corre, con una cucharada de lentejas no contribuye a que adquiera unos hábitos adecuados de alimentación.

Si tu hijo es muy inquieto le costará más que a otros sentarse a comer, pero el remedio no es dejarle que siga brincando mientras lo hace, sino que le vayas pidiendo pequeños esfuerzos para que se siente, simplifiques su comida (a lo mejor puedes organizarle un plato único y no perder tiempo preparando varias cosas) y, sobre todo, que refuerces el tiempo que ha permanecido sentado.

Veamos la secuencia:

Habla con tu hijo de la norma: «Para comer hay que estar sentado», pero recuérdasela sólo cuando veas que está a punto de levantarse. No le des ideas antes de tiempo.

Prepara y avísale de la consecuencia positiva de su acción: «Cuando hayamos terminado de comer, podrás...». (Elige algo positivo para el niño; si tiene preferencia por un postre determinado, prepáraselo; si le gusta jugar contigo a algo, dile que después jugaréis...).

Siéntate con tu hijo y hablad de cosas agradables, sin centrarse en el tema de la comida. Anímale de vez en cuando a que coma y recuérdale lo bien que lo está haciendo, pero evitando repetirte demasiado.

Si adopta un comportamiento desafiante aplica un tiempo para pensar y después que se disculpe y vuelva a la mesa.

➤ **Recuerda** que si queremos que el niño permanezca sentado, no debemos prolongar demasiado las comidas. A los adultos nos gusta quedarnos conversando después del postre, pero a los niños no. Permítele que se levante cuando haya terminado.

Un tiempo para el estudio

Una de las principales preocupaciones que tenemos como padres es la educación escolar de nuestros hijos. Queremos que se conviertan en buenos estudiantes y que logren todos los objetivos académicos posibles.

Durante los primeros años de escolaridad solemos delegar en el colegio toda la responsabilidad relacionada con la enseñanza, pero nosotros, aun sin ser profesores, tenemos mucho que aportar y estamos invitados a colaborar en el proceso.

Demostrar a nuestros hijos que el estudio es importante y que trabajamos de forma conjunta con el profesorado es una buena actitud para que nuestros hijos se responsabilicen de esta tarea. Y no tenemos que esperar a que cursen estudios superiores para enseñarles a tener un hábito de estudio.

Desde que son pequeños podemos incluir un rato por la tarde a realizar algunas actividades relacionadas con el aprendizaje. Fíjate que ahora el carácter debe ser diferente al de la escuela. Por ejemplo, inculcar a nuestros hijos hábitos de lectura desde que son bien pequeños es una buena manera no sólo de contribuir a mejorar su rendimiento escolar, sino de enseñarles una actividad placentera que puede acompañarles durante toda su vida.

Incluye, por tanto, un tiempo para leer. Cuando son muy pequeños, debes leer con ellos. Coge a tu hijo con cariño, siéntate a su lado, y manejad juntos los libros que a él le gustan. Con frecuencia desea que se lo cuentes una y otra vez; ten en cuenta que la repetición es fundamental en su desarrollo. Disfruta con tu hijo de este momento.

Los deberes

Cuando empiezan a ir al colegio suelen tener deberes para casa. En este caso la norma también es clara: debemos permitir que el niño haga solo lo que puede hacer por sí mismo.

Si has hablado con su profesor y sabes que sistemáticamente tiene alguna tarea que terminar, entonces fija un tiempo de estudio en casa. Es recomendable que no sea nada más llegar del colegio ni que se deje para última hora de la tarde. Después de la merienda y de un rato de descanso, es un buen momento para que el niño se habitúe a ir a su cuarto a terminar sus deberes.

Es recomendable que estudie siempre en el mismo lugar, intentando eliminar de ese espacio cosas que puedan distraerle.

Después de ese tiempo de estudio, el horario debe incluir un tiempo de esparcimiento en el que el niño pueda hace algo que realmente le apetezca. Lo cierto es que el día a día deja poco tiempo a los niños para poder disfrutar de un espacio realmente suyo. El colegio, las actividades extraescolares, los desplazamientos, hacer los deberes, bañarse y cenar ocupan toda la tarde. Es importante que seamos conscientes de esta realidad, a la vez que hacemos lo posible para no saturar a los niños con múltiples obligaciones. Esto es posible para los adultos, pero carece de toda lógica en los más pequeños.

Así que es esencial que después del estudio tu hijo pueda jugar o ver la tele o lo que él quiera (dentro de lo posible), de manera que sea un aliciente para acabar sus deberes y le sirva de recompensa.

Por otro lado, lo recomendable es que le ayudes con sus tareas, únicamente cuando lo necesite. No lo conviertas en algo habitual. Enseña a tu hijo a resolver sus propias dificultades, a que los solucione en clase, a que confíe en sus capacidades...

Refuerza todos los intentos que haga por realizar sus deberes. No tiene sentido que entres en una dinámica de repasarlo todo si no es necesario. El profesor supervisará sus deberes y le irá dando pistas sobre cómo ir mejorando. En la medida de lo posible, el niño debe desarrollar su autonomía para organizarse, resolver las tareas, preparar su cartera... Si tiene dificultades en alguna de estas tareas, establece algún sistema de recompensa para facilitárselo.

Establecer una buena comunicación con el profesor nos ayuda a conocer los progresos de nuestro hijo y atender las necesidades que vayan surgiendo.

➤ **Recuerda** que estudiar no es un castigo. No podemos caer en el error de mandarle estudiar cuando nos enfademos con él. Nuestro objetivo es intentar que se convierta en una actividad lo más agradable posible.

Las rabietas

En torno a los 2 años (en ocasiones antes) las rabietas empiezan a convertirse en algo habitual. Los niños, que todavía no saben expresar ni controlar sus emociones, estallan ante todo aquello que va en contra de sus deseos.

A todos los que no han vivido esta experiencia de cerca les resulta sorprendente que un padre vaya arrastrando de la mano a su hijo que llora desconsoladamente por la calle. La mayoría de estas personas piensan: ¿qué le habrá hecho el padre para que llore así? La verdad es que nada, pero sentirse observado por todo el mundo no contribuye a que nos sintamos mejor, ¿verdad?

Las rabietas son estallidos emocionales, una forma natural de comunicarse. A través de ellas, tu hijo te dice lo que desea. También son una forma de manifestar las dificultades que tiene para controlar su propia conducta y la mayoría de las veces son maneras de llamar tu atención.

Lo normal, aunque te parezca imposible si las estás viviendo, es que las rabietas se pasen, sobre todo si le enseñamos estrategias alternativas de comunicación.

Pero ¿qué podemos hacer mientras tanto?

1. Recuerda que tú eres el adulto y por lo tanto, debes mantener la calma. Tu hijo no puede, realmente su edad no le permite tener capacidad para dominar sus emociones, pero tú sí. Así que no te pongas a gritar como él, ni entres en su juego. Respira profundamente y convéncete de que no pasa nada.

2. Acéptalo como algo propio de su crecimiento. Tu hijo no es malo ni tú lo estás haciendo mal. Relájate. Decir NO forma parte de su desarrollo y le va a ayudar a fortalecer su identidad y a hacerse más independiente.

3. Siempre que sea posible no le prestes atención. Si está en un entorno protegido, déjale que llore y patalee durante unos minutos.

4. Después, acércate a él e intenta distraerle para calmarle (dale un abrazo, háblale de otra cosa, recuérdale algo que le guste...). A veces no es fácil tranquilizar; sé paciente y espera a que se le vaya pasando.

5. Si se mantiene en su actitud, repite los pasos 3 y 4.

Es fundamental que te olvides de los azotes y de los gritos (sobre todo si lo haces porque tú no puedes controlarte). Educativamente no sirven para nada, y en el caso de las rabietas tan sólo contribuyen a que todos (incluido el niño) os pongáis más nerviosos. Tampoco le digas cosas que no sientes o le castigues con cosas que no puedes cumplir («No irás nunca más al parque»).

Los niños más pequeños no tienen capacidad para controlar sus estallidos emocionales y en ocasiones es necesario que el adulto intervenga de una forma más directiva. Ensaya ante un espejo a decir «¡Basta ya!» o «Para» con energía. Utiliza esta expresión cuando tu hijo sea incapaz de parar el llanto. No conseguiremos que el niño deje de llorar de forma instantánea, pero le podemos enseñar a hacerlo si somos constantes con esta instrucción tan precisa. Cuando pare, felicítale por ello y hazle ver que no tiene sentido que se ponga así.

Lo más importante en todo este proceso es que tu hijo no consiga lo que quiere con ese comportamiento. Déjaselo bien claro aunque sea pequeño y creas que no te entienda.

Realmente es complicado no ceder ante un llanto insistente y desesperado, pero darle lo que desea (un caramelo, ver más tiempo la tele, no irse a la cama...) es la mejor manera de conseguir que las rabietas se sigan manteniendo. Y si bien resulta relativamente sencillo controlar las rabietas de los más pequeños, a medida que el niño crece resulta mucho más difícil. En esos casos, el sistema de puntos puede ayudarnos a modificar el comportamiento. Concede a tu hijo un punto cada día que no ha llorado de forma descontrolada y un premio que conseguir con una cantidad determinada de puntos.

Por otro lado, es esencial que el niño aprenda que no puede conseguir todo cuanto desea, aunque lo pida de forma correcta. Un niño pequeño que llora porque quiere un juguete no puede conseguirlo sólo porque deje de llorar y lo pida por favor. Es cierto que le estamos enseñando a que se muestre educado y le tendremos que reforzar por ello, pero no es suficiente. Nuestros hijos deben saber tolerar pequeñas frustraciones, pues las cosas no salen siempre como deseamos y hay que estar preparado para ello.

Lo quiero ahora

«Lo quiero ahora» o «Lo quiero ya» suele escucharse con mucha frecuencia en los niños pequeños. La mayoría de los padres intentan arreglar esta situación explicándole con paciencia a su hijo que ahora no se puede, que más tarde, que mañana... Pero aprender a esperar no es algo fácil. Para lograrlo:

- Ten en cuenta que cuando el niño es muy pequeño no tiene capacidad para esperar demasiado tiempo. Por eso los refuerzos se dan o se retiran inmediatamente después de una acción. Cuando nos pide algo y le decimos que se lo daremos dentro de un poco, ese poco realmente debe ser una cantidad pequeña de tiempo. A medida que vaya creciendo y adquiriendo la noción de tiempo, el niño podrá aceptar el retraso de sus gratificaciones.

• El niño debe confiar en lo que espera. Debemos cumplir lo que prometemos, pues es el único modo de que tu hijo sepa a qué atenerse y aprenda a confiar en nuestra palabra. Si prometemos y el niño se esfuerza para conseguirlo, pero finalmente no recibe nada (un abrazo, unas palabras de reconocimiento, algo material...), el niño no podrá establecer la conexión entre su esfuerzo y la recompensa. Pensará que es algo azaroso que él no puede controlar.

• Facilita al niño el tiempo de espera haciéndole pensar o distrayéndole con cualquier otra cosa. Cuando el niño espera con ilusión algo, realmente se impacienta y se pone nervioso. En esos momentos es esencial recurrir a alguna actividad o juego que mantenga su mente distraída.

Peleas entre hermanos

Lo normal es que los hermanos se peleen. Pasan mucho tiempo juntos compartiendo espacios, actividades y juguetes.

Gracias a las relaciones con los hermanos los niños aprenden habilidades básicas para estar con los demás: compartir objetos, respetar los turnos, controlar sus impulsos, etcétera.

En ocasiones las peleas son demasiado constantes y se convierten en un obstáculo para la convivencia.

En general conviene que sean ellos mismos quienes resuelvan sus diferencias. No podemos estar continuamente observando lo que hacen nuestros hijos para descubrir quién ha sido el responsable de la pelea, ni actuar como jueces que imponen castigos.

Lo que sí es importante es que queden claras unas normas de convivencia que garanticen el respeto: no se pega ni se insulta son fundamentales, y en la medida en que los niños vayan comprendiendo estas reglas deben entender que hay una consecuencia si no las cumplen (fundamentalmente el tiempo en espera).

Ante el «Mamá, mamá, mira lo que me está haciendo mi hermano», bastaría con decirles: «Espero que podáis resolver vosotros el problema y recordad que no debéis pegaros», antes de recordarles el ultimátum: «Dejad de pelearos o deberéis iros al rincón de pensar». En ese caso debe haber un lugar para cada uno de los hermanos para que estén separados durante un tiempo.

Cuando los niños son pequeños, la norma fundamental es que aprendan a no pegarse. El hermano que pegue deberá irse a pensar y pedir perdón, tal y como hemos descrito en otras ocasiones.

Aprender a jugar

El juego es la actividad principal del niño. La mayoría de las actividades las vive como un placer y el adulto puede aprovechar esta actitud para enseñarle a disfrutar de todo cuanto hace.

Mediante el juego el niño aprende a conocer los objetos y sus propiedades, a manipularlos, a transformarlos... y eso contribuye al desarrollo de sus capacidades intelectuales, motoras, afectivas...

A medida que tu hijo crece el tipo de juego cambia. Mientras es pequeño, se interesa por los juguetes llamativos que puede morder, hacer sonar o rodar, desplazar... En torno a los 2 años empieza a surgir una nueva modalidad: el juego simbólico, a través del cual representa acciones de la vida cotidiana. Le empieza a interesar jugar a las comiditas, a las muñecas, a los médicos... Poco a poco, se empieza a interesar por los juegos de reglas como los juegos de mesa, en los que cobra mucha más importancia el papel de los demás.

Es importante conocer cómo evoluciona el juego para proporcionar al niño actividades propias de su edad.

En cuanto al papel del adulto:

• No dudes en sentarte a jugar con tu hijo, aunque eso implique arrastrarte, disfrazarte o meterte en una caja. Tu hijo te dará pistas para que puedas disfrutar de la actividad.

• Permite que tu hijo juegue solo. No es necesario que estés continuamente pendiente de él o diciéndole cómo debe jugar.

• Aprovecha las situaciones de juego para conocer más a tu hijo y para enseñarle diferentes habilidades. Por ejemplo, ¿qué te dice si juegas a que eres su hijo? Posiblemente te diga muchos de los mensajes que tú le das y eso te permite descubrir qué es lo que más le influye de tu actitud. Enséñale a esperar su turno cuando jugáis a las cartas, a organizar las fichas de un puzzle, etcétera.

• Elige los juguetes que deseas para tu hijo. Intenta alejarte de la publicidad y de la presión de los demás para comprar aquello que realmente quieres. Los juguetes caros o con muchas pilas no son, necesariamente, los mejores. Y no dudes en usar tu creatividad para crear juguetes sin necesidad de comprarlos.

En la mayoría de las ocasiones no son necesarios los juguetes para poder jugar. Puede ser mucho más importante estar con otras personas (otros niños, por ejemplo), salir al parque a corretear, disfrazarse con sábanas viejas, etc. Deja que tu imaginación se desborde junto a la de tu hijo para poder disfrutar de estos momentos de juego.

Intenta incluir en el horario un tiempo diario para jugar a algo divertido con tus hijos. Se convertirá en un excelente refuerzo después de haber realizado las distintas tareas.

¿Cuántos juguetes necesita el niño?

Intenta que los objetos no se te acumulen. Es más que recomendable que, de vez en cuando, hagamos un poco de limpieza. Los niños no quieren deshacerse de nada (tampoco algunos adultos), pero no tiene ningún sentido que las cosas se vayan amontonando, pues sólo contribuyen al desorden y aumenta la sensación de caos. Ve guardando los juguetes que ya no utilizan, regala lo que tengas parecido, no compres más de lo que necesitas...

Pon un límite. Todos tenemos demasiadas cosas. La sociedad en la que vivimos nos permite disponer de todo aquello que necesitamos. También les ocurre a los niños. En la mayoría de los casos, poseen todo tipo de juguetes, de todos los tamaños y formas posibles. Intenta poner un poco de orden para que no reciban continuamente regalos. Cuando tenemos todo lo que queremos, perdemos la posibilidad de comprender que algunas cosas las debemos conseguir con esfuerzo. Si tu hijo tiene todo lo que pide, pero no le enseñas a hacer nada para conseguirlo, poco a poco el valor que tiene un regalo desaparecerá. Enséñale a aplazar su deseo («Puedes pedirte ese coche para Navidad o para tu cumpleaños»), hazle ver que tiene que esforzarse («Podrás conseguir ese juguete cuando durante toda una semana hayas recogido tu cuarto sin protestar») y explícale que no siempre es posible conseguir todo lo que queremos («Ese regalo es muy caro»). Mediante los regalos podemos enseñarle a valorar las cosas, algo muy difícil de educar cuando con sólo pedirlo obtienen lo que quieren.

Por otro lado llegamos a tener la sensación de que los niños, cuantos más juguetes tienen, menos tiempo dedican a jugar con ellos. Y es que no es fácil educar la atención cuando tenemos a nuestro alrededor demasiadas cosas atractivas. Selecciona los objetos que creas necesarios y ordénalos para poder utilizarlos, no para llenar una habitación.

A veces no es fácil negarse a que familiares y amigos regalen cosas a los niños (a lo mejor podemos intentarlo con algunas personas). Pero tú sí que puedes poner límite en cuanto a su uso. No tiene por qué estar todo al alcance del niño. Guarda algunos juguetes; también les hará ilusión cuando los saques pues para ellos serán algo nuevo.

En resumen, para evitar que los juguetes se acumulen:

• Guarda, regala o recicla aquellos juguetes que ya no utilice.

• Rota los juguetes. Guarda algunos y saca otros. De esta manera los juguetes guardados tendrán el mismo efecto que si fueran nuevos.

• Pon un límite a la hora de comprar juguetes.

Jugar con otros

De la misma manera que evolucionan los tipos de juegos, también lo hace el interés que el niño siente hacia los demás. Aunque, por lo general, siempre les gusta estar en compañía de otros niños, lo cierto es que lo que se dice jugar con otros, no lo hacen hasta los 4 o 5 años. Hasta ese momento, están al lado de los demás, pero raramente comparten la actividad del juego. Por eso son frecuentes las riñas por los objetos, desean tener los dos las mismas cosas, etcétera.

Los padres debemos facilitar el encuentro con otros niños para que aprendan a relacionarse e intentaremos inculcarles, aunque todavía no lo comprendan, que es importante compartir (aunque respetemos que no deseen dejar a los demás objetos significativos para ellos), que no pueden quitarse los juguetes, que deben devolver lo que les prestan, que no vale pegar, que hay que esperar el turno (por ejemplo, para subirse a un columpio), etcétera.

Los niños pequeños recurren a la agresión física para resolver sus dificultades, incluso si no han visto hacerlo en los adultos. No eres un mal padre si tu hijo ha pegado a otro niño o le ha dado un mordisco, aunque está claro que debemos enseñarle a no hacerlo. Reprimir al niño y separarle de los demás suele ser suficiente para que el niño más pequeño aprenda que está haciendo algo inadecuado. Cuando tiene más edad, la técnica del tiempo fuera es la más recomendable.

Además, deberemos asegurarnos de que el niño adquiere las habilidades adecuadas para resolver sus conflictos. No basta con apartar al niño para que piense y pida perdón, sino que es necesario que nos aseguremos de que la próxima vez va a saber comportarse de forma adecuada. Siéntate a jugar con él para enseñarle a respetar el turno, a no coger los juguetes de los otros de cualquier manera, a aceptar que le digan que no... Tu hijo no es malo si no sabe jugar; puede aprender a hacerlo.

¿Qué hacer cuando el niño agrede a otros?

Normalmente el niño agrede para protegerse, para manifestar enfado, para comunicar su malestar... Podría parecernos que se trata de algo innato en el ser humano, pero no podemos olvidarnos de la influencia del entorno en la adquisición y mantenimiento de ciertas pautas agresivas.

Poco a poco el entorno en que se desenvuelve el niño le va enseñando formas más positivas de expresar la ira, la oposición, la frustración... Para lograrlo es esencial que los adultos tengamos claro que la violencia física no tiene ninguna utilidad educativa. Aunque te parezca que una bofetada termina con una discusión entre hermanos o con un berrinche incontrolable, lo cierto es que ese efecto inmediato no compensa las desventajas que conlleva.

Para ayudar al niño a controlar sus conductas agresivas podemos tener en cuenta las siguientes indicaciones:

• *Expresa los sentimientos que te genera la situación.* Resulta más eficaz pedir a un niño que deje de hacer algo molesto si utilizamos la frase «Estoy cansado» en vez de «Eres insoportable». En cualquier situación, menospreciar al otro sólo es un obstáculo a la hora de conseguir algún cambio.

• *Mantente firme en la norma de que no se pega.* No podemos dejar que el niño pegue a otro sin intervenir. Tu hijo debe saber que existe una consecuencia negativa para la acción de pegar (tiempo para pensar, retirada de reforzadores...).

• *No respondas a la agresión con castigo físico.* Si tu hijo te pega y tú le pegas, lo más probable es que él te vuelva a pegar y tú también... Al final gana quien más fuerza tiene (tú por ahora), pero no se trata de ver quién puede más. Si lo que queremos es enseñar a nuestro hijo que de nada sirve pegar o agredir al otro, no tiene sentido que nosotros utilicemos la bofetada para demostrárselo.

• *Enséñale modos alternativos de expresar sus sentimientos agresivos.* Los sentimientos de ira y de frustración están ahí y tu hijo debe aprender a darle salida de una forma no violenta. Permítele que te cuente cómo se siente, ayudándole a poner nombre a lo que le ha molestado y buscando juntos actividades que le permitan descargarse (correr, saltar, dar una vuelta...).

• *Enséñale habilidades* que le permitan hacer frente a situaciones conflictivas sin necesidad de recurrir a la agresión (por ejemplo, se le puede enseñar a no dar importancia a los insultos). En muchas ocasiones, el niño que pega lo hace porque no conoce otro modo de resolver sus problemas. A veces hay un problema de autoestima: el niño no se siente a gusto consigo mismo, no sabe cómo hacer amigos y descubre que pegando puede conseguir lo que quiere. Es importante, entonces, demostrarle que es un ser valioso, que puede hacer amigos comportándose de otra manera, etcétera.

¿Qué podemos hacer cuando rompe todos los juguetes?

Los juguetes se van rompiendo según se usan. No es raro encontrar la rueda de un coche, un puzzle incompleto, una muñeca sin pierna... Nada de esto refleja que nuestro hijo sea un destructor; simplemente que las cosas se van estropeando.

Cuando un juguete se rompe, antes de echarnos las manos a la cabeza y culpar a nuestro hijo debemos intentar averiguar cuál ha sido la causa. A veces las cosas se rompen sin querer y otras porque el niño intentaba descubrir qué es lo que había en su interior. Ni el accidente ni la curiosidad deben penalizarse. Habrá que enseñarle a que tenga más cuidado la próxima vez y favorecer su curiosidad con objetos que puedan arreglarse fácilmente (o que no sea necesario volver a arreglar).

En otras ocasiones los niños rompen los objetos porque están tan enfadados que los arrojan y destruyen intencionadamente. La norma debe estar clara en estos casos: no se rompen las cosas. Un tiempo para pensar ayuda al niño a darse cuenta de las consecuencias de esta acción destructiva. Siempre que sea posible, hay que permitir al niño que pueda arreglar el juguete o que recoja lo que se ha roto, sin dramas, sin culparle en exceso.

Cuando los niños son mayores, podemos aplicar la técnica de la confiscación de juguetes que consiste en ir guardando en una caja todos los juguetes que trate de forma inadecuada. A través de un sistema de puntos el niño, con su buen comportamiento, puede ir recuperando los objetos que están confiscados. La caja debe estar guardada en un lugar no accesible para el niño. Éste recibirá al principio del *plan* una cantidad de puntos que irá perdiendo si no cumple las normas. Al final del día podrá recuperar un objeto con un determinado número de puntos. Como siempre, el sistema debe estar claramente definido y utilizarse con niños que son capaces de entender cómo funciona.

Además de premiar o retirar puntos es necesario que:

• Intentemos entender su comportamiento. Los niños no saben decir lo que les pasa con palabras y es a través de su comportamiento con lo que nos tratan de contar muchas cosas. Cuando uno se siente mal (porque está enfermo, porque se siente un poco desplazado ante el nacimiento de su hermano, etc.) lo dice como puede. Comprender al niño nos permite actuar con más calma, quitar importancia a algunos comportamientos, etc. Ahora bien, entender no significa que debamos justificar, y es importante que sigamos transmitiendo al niño la importancia de las normas.

• Sigamos reforzando los comportamientos positivos.

• Facilitemos un contacto personal con el niño. Recuerda que romper objetos también puede ser un modo de llamar la atención.

• Seamos conscientes de que hay niños impulsivos que necesitan canalizar toda su energía. Por eso salir al parque, correr al aire libre, subir y bajar de los columpios se convierten en actividades imprescindibles para la mayoría de los niños. Sal siempre que puedas.

El aseo

El aseo incluye lavarse el pelo o las manos, bañarse, cortarse las uñas o el pelo... Algunas de estas acciones pueden ser un problema en un momento u otro de la evolución del niño. De repente, sin más, tu hijo decide que hoy no quiere bañarse (y luego que no quiere salir del agua) o te dice que cortarse las uñas le hace daño. Hasta que consigamos que los niños sean autónomos en cualquiera de estas actividades necesitaremos tener muy claro que son importantes y transmitírselo a nuestros hijos. Para ello:

• Anticipa el cambio de actividad. Avisa a tu hijo de que quedan cinco minutos para ir al baño. Eso le permitirá finalizar lo que está haciendo y prepararse para una nueva tarea. A ninguno de nosotros nos gusta que nos pidan que dejemos lo que estamos haciendo inmediatamente; a los niños tampoco.

• Contribuye a que el momento del baño sea un tiempo agradable y relajante. Puede que un día el baño tenga que ser más corto, porque habéis llegado muy tarde, pero no dejes que sea lo habitual. Estar en la bañera contando alguna historia y jugando con algún objeto es muy divertido, y si el niño lo sabe no pondrá pegas cuando llegue la hora de bañarse.

• Crea hábitos no sólo para bañarse, sino también para lavarse los dientes, las manos o la cara. Implica al niño en la actividad (permítele que se ponga la pasta en el cepillo o que se enjabone). Es importante que realice solo todo lo que pueda hacer.

• Refuerza cualquier progreso que realice. Felicítale por lavarse el pelo, los dientes, etcétera.

• Avísale de un premio concreto ante situaciones que son especialmente difíciles para el niño. A muchos niños no les gusta que le corten el pelo o las uñas; dile que después le darás algo o haréis cualquier cosa que os guste. Utiliza la técnica de la distracción, permítele que participe...

• Enséñale a hacer las cosas. Recuerda que muchas actividades las aprende porque te ve hacerlas. Lávate los dientes delante de él y muéstrale cómo debe mover el cepillo para que pueda hacerlo.

• Recompénsale (puedes utilizar un sistema de puntos con los niños mayores) cuando esté mejorando su comportamiento.

Nos vamos a la cama

La mayoría de los niños no quiere irse a la cama. Parece que tienen unas pilas inagotables y se resisten a ir a dormir aunque ya no puedan moverse y tengan que hacer enormes esfuerzos para no cerrar los ojos.

Resulta realmente complicado reforzar la conducta de dormir, pues no podemos darles ningún premio cuando se quedan dormidos. Pero podemos encontrar formas de hacer placentero el momento de irse a la cama.

1. Crea una rutina para ir a dormir (tanto en la siesta cuando la duerma, como por la noche). Es importante que, en la medida de lo posible, el niño se vaya a la cama a la misma hora y después de una secuencia de actividades. Lo más común

es que el niño se bañe, después cene y a continuación, tras unos diez minutos de actividad tranquila, se vaya a la cama.

2. Avísale minutos antes de ir a la cama. Como siempre, eso le permitirá irse preparando para el cambio de actividad. No entres en negociaciones. La mayoría de los niños quieren seguir jugando, leyendo o viendo la tele. Sé firme y con tranquilidad repite: «Ya sabes que es la hora de dormir».

3. Dedicad unos minutos para ir al baño (si el niño ya es mayor). Intenta que no sea el momento para repasar los deberes, preparar la cartera o recoger los juguetes. Ahora toca dormir, y cuantas más actividades tengáis que hacer en estos momentos, más se activará el niño y más puede entretenerse para retrasar la hora. Con niños pequeños empieza a hablar más bajo, baja la intensidad de la luz...

4. Ya en la cama, leed algo juntos o déjale que lea durante unos minutos. Busca una lectura agradable. También puedes aprovechar para recordarle brevemente algún suceso positivo que haya sucedido en el día y felicitarle por su buen comportamiento. Recuérdale que cuando terminéis el cuento, apagarás la luz. Si el niño es un bebé, sustituye el cuento por una canción en voz baja y cuida el entorno con una luz suave.

5. Dale un beso, dile buenas noches y sal de la habitación.

Pero llegar a esta secuencia no siempre es fácil. Los niños, desde bien pequeños, aprenden mil maneras de retrasar el momento de ir a la cama o de retener al adulto a su lado. A veces es más cómodo para todos dejar que se duerman viendo la tele o acostándolos en nuestra propia cama. Otras se acostumbran a dormir mientras les acariciamos o le damos la mano. Pero aunque hasta ahora, por los motivos que sea y sin culparse de nada, haya sido así, es conveniente que el niño vaya aprendiendo a dormir solo y que lo haga en su propia cama.

➤ **Recuerda** que no tiene sentido esperar a que esté agotado para llevarle a la cama. Cuando un niño no duerme bien, suele estar de peor humor, come mal, le cuesta concentrarse... Unas rutinas claras le ayudarán a sentirse y portarse mejor.

Por otro lado, tú eres quien elige cómo deseas que tu hijo duerma. Algunas culturas permiten que los niños duerman con sus padres hasta que son bastante mayores y no le dan mayor importancia. En la nuestra, entendemos que los niños deben aprender a dormir solos. Siéntete libre para elegir, pero hazlo pensando en el niño, no en tu propio bienestar o intentando cubrir alguna carencia personal.

Ahora bien, siguiendo con uno de nuestros objetivos, dormir solo es un paso más para lograr la autonomía. Algunos padres se sienten fatal porque sus hijos tardan hora y media en quedarse dormidos o necesitan acostarse con ellos. Elimina ese sentimiento de culpa para poder afrontar esta situación con tranquilidad y confianza. Y antes de aplicar cualquiera de las siguientes técnicas convéncete de que las quieres utilizar. Dejarlas a medias harán más difíciles cualquier nuevo intento de cambiar los hábitos de los niños.

No quiere dormir solo

Si tu hijo está acostumbrado a dormir en vuestra cama (y luego le lleváis a la suya) o necesita que te acuestes con él en su cuarto para quedarse dormido, será necesario que vayas dando pasos graduales hasta conseguir que aprenda a dormir solo.

1. Elige con tu hijo un objeto nuevo con el que vaya a dormir a partir de ahora. Hazle ver que ya es mayor y alábale por ello.

2. Repite las rutinas tal y como están descritas al inicio de esta sección. Si sueles acostarte a su lado, deja de hacerlo. Siéntate en el suelo próximo a él.

3. Después de leer el cuento, desearle buenas noches y apagar la luz, quédate en el cuarto, pero evita el diálogo. Si él te habla, repite con voz tranquila pero firme: «Duérmete», «Es hora de dormir», «Cierra los ojos y a dormir»...

4. Siéntate cada día un poco más lejos hasta que puedas hacerlo fuera de la habitación con la puerta abierta.

Mil excusas para levantarse

Los niños buscarán mil artimañas para evitar separarse de ti. Se meten en la cama sin problemas, y de repente se acuerdan de que tienen sed o ganas de hacer pis. Evita entrar en esa dinámica. Llévale al cuarto de baño antes de ir a la cama, ponle cerca un vaso de agua para que pueda beber sin levantarse, abrígale si sabes que va a tener frío... y niégate cuando claramente esté pidiendo cosas para retrasar la hora de dormirse.

Cuanto más cedamos a sus peticiones, más se activarán y más les costará conciliar el sueño. Un firme «Ya está, es hora de dormir» dicho a tiempo te solucionará muchas idas y venidas.

Si se levanta por su propio pie de la cama (cosa que suelen hacer cuando descubren que pueden hacerlo), llévale de nuevo a su cuarto, repitiéndole en tono firme y tranquilo: «Es hora de dormir». Si vuelve a levantarse, llévale a su cuarto otra vez, evitando entrar en el diálogo que nos proponga; dile de nuevo que debe dormir. Al tercer intento (que suele ocurrir), llévale a su cama sin decirle nada. Conviene que sea siempre la misma persona quien repita este proceso (bien el padre o la madre, aunque al día siguiente pueden cambiarse los papeles) para evitar que el niño juegue con todos.

Puedes utilizar un sistema de puntos para premiar que duerma toda la noche. Cuando haya conseguido entre tres y cinco puntos, podrá tener algo que desea (recuerda que es importante que el premio esté en consonancia con el esfuerzo; no queremos educar niños caprichosos).

¿Qué hacer si llora?

El niño utiliza el llanto para comunicarse. Cuando son bebés lloran cuando tienen hambre, se sienten incómodos o cansados, les duele algo... Poco a poco el llanto cobra otros matices y se utiliza también para llamar la atención de los adultos, expresar enfado, etcétera.

El llanto suena de diferentes maneras según su función. Cuando pretende que le hagamos caso, suele empezar con un gimoteo, como si el niño fingiera estar llorando. Y después funciona a intervalos, deteniéndose y volviendo a comenzar si no recibe la atención que busca.

Nuestro objetivo no es dejar que el niño aprenda a dormir solo dejándole llorar hasta que se canse, pero sí hacerle ver que si es hora de dormir no se puede hacer otra cosa. Por eso, antes de aplicar la siguiente técnica, es conveniente que conozcas las formas de llorar de tu hijo y te asegures de que identificas cuándo le pasa algo que realmente requiera tu atención.

El niño puede llorar porque no quiere dormirse solo o porque se despierta por la noche y quiere tu compañía. Veamos lo que puede hacerse.

1. Si empieza a llorar, no salgas corriendo. Espera un poco para identificar el tipo de llanto y para ver si se le pasa solo.

2. Si estás seguro de que no le pasa nada y simplemente quiere llamar tu atención, acude a su cuarto. Susúrrale «Sss» sin encender la luz o acarícíale un poco. Si es un niño mayor, dile bajito y tranquilamente: «Es hora de dormir». Colócale cerca el objeto con el que suele dormirse y sal de la habitación.

3. Repite el procedimiento cada vez que llore, asumiendo que es posible que lo haga durante un buen rato. Acude a la habitación cuando llore, esperando cada vez un poco más de tiempo entre visita y visita.

La verdad es que no es nada fácil hacerlo. Los padres no podemos evitar sentirnos mal ante el llanto de nuestros hijos, un llanto dramático, porque lejos de calmarse, los niños lloran cada vez más e intentan que les hagamos caso llamándonos desesperadamente. Todo nuestro cuerpo se activa y respondemos casi instintivamente al llanto de nuestros hijos. Por eso, estar con alguien que nos apoye puede hacernos más llevadero el proceso.

Esta técnica es mucho más sencilla en bebés que están aprendiendo a dormir solos; cuando el niño es un poco mayor y tiene unos hábitos ya adquiridos, es necesario hacer una separación gradual tal y como ya hemos visto.

Pesadillas nocturnas

En torno a los 3 años, a veces antes, los niños empiezan a contar a sus padres que han soñado por la noche. A veces se lo inventan y te empiezan a contar unas historias increíbles, mezcla de realidad y de fantasía. Y es frecuente que sobre los 3 años y medio aparezca una temporada de pesadillas, que suele decrecer a los 4 años, para después volver a aparecer algunos meses más tarde.

A estas edades, es probable que tu hijo se despierte sobresaltado, llorando, agitado... En general, suele ser sencillo tranquilizarle: enciendes una luz suave, le hablas en voz baja, le das un poco de agua... Cuando le preguntas con qué ha soñado, lo más probable es que no se acuerde. En ocasiones, puede contarte que ha soñado con un monstruo y a partir de ahí desarrollar toda una historia que se va inventando sobre la marcha.

No es fácil determinar la causa de las pesadillas. El niño de esta edad es muy fantasioso y le cuesta distinguir entre lo que es real y lo que no lo es. Si la mente del niño, como es frecuente a esta edad, está llena de brujas, lobos y demás seres, lo normal es que sueñe con ellos.

Para ayudarle en estos momentos:

• Es conveniente no excitar demasiado su fantasía. A los niños les gustan los cuentos y si aparece una bruja, pues mejor. Pero hay otras posibilidades, sobre todo si le sueles contar historias antes de dormir. Busca textos que no atemoricen, que den seguridad a tu hijo y que le permitan dormirse tranquilamente. Evita, además, que vea dibujos o películas con contenidos atemorizantes o violentos antes de irse a dormir.

• Tras una pesadilla, siéntate tranquilo junto a tu hijo, habla con él sobre lo que ha pasado. Explícale que ha tenido una pesadilla, que ha sido sólo un sueño. Transmítele confianza y anímale a que se duerma tranquilo. Dile que tú estás cerca y que vendrás de nuevo si te necesita.

• Como siempre, es importante que tengas paciencia. Tu hijo no tiene las pesadillas para estropearte la noche. Es algo normal a su edad y es conveniente que le atiendas cuando te llama; realmente te necesita.

• Y sobre todo no le culpes por lo que le sucede. ¡Bastante tiene ya con despertarse angustiado! Sé comprensivo y acepta que se trata de una fase más que se le pasará en la medida en que se sienta seguro y confiado.

Las pesadillas pueden provocar cambios en las rutinas que ya se habían adquirido. Con la aparición de éstas, algunos niños demandan dormir con sus padres. Otras veces, son los padres los que invitan a sus hijos a pasar la noche con ellos, para *protegerles* de ese miedo. En principio, esta opción no va a resolver el problema de las pesadillas. Cuando el niño tenga miedo, se irá a tu cama, pero no se enfrentará por sí mismo a aquello que le causa temor.

Ahora bien, es comprensible que alguna noche se haya *mudado* contigo y, desde luego, eso no es ninguna amenaza. Pero no es recomendable que se convierta en una costumbre. Tiene más sentido que animes al niño para que se sienta seguro, que le hagas ver que tú estás cerca y que puedes ayudarle, pero hazle comprender que él es capaz de superar ese miedo y seguir durmiendo en su propia cama.

Un ejercicio de relajación para ir a dormir

No es posible dormir cuando uno está activado. Por eso, debemos evitar que el niño realice actividades que le pongan nervioso antes de ir a la cama. Aunque tu hijo esté muy cansado, si minutos antes de dormir jugáis a haceros cosquillas o con los coches que se chocan, lo más probable es que se active de nuevo y le cueste conciliar el sueño.

Si después de cenar hay unos minutos, habrá que elegir una actividad que le relaje.

Aun así, algunos niños llegan muy activados a la cama. Llevar a cabo algún ejercicio sencillo de relajación le ayudará a conciliar el sueño. La idea es animar al niño a que vaya cambiando la intensidad de la actividad por movimientos mucho más tranquilos y controlados.

Imaginad que sois simientes. Agachaos y simulad que sois semillas que vais creciendo lentamente. Os vais levantando despacio, muy despacio. Relátale lo que debéis hacer: *Somos simientes en la tierra, notamos cómo nos da el sol y eso no hace crecer despacito, muy despacio. Ahora nos sale una rama* (levantáis un brazo) *muy despacio y sale una flor* (abrís la palma de la mano)*; ahora nos sale otra rama muy despacio y otra flor* (repetís lo mismo muy despacio). *Poco a poco se hace de noche y la planta se va recogiendo; primero guarda las flores y las ramas; después todo el cuerpo...*

Haz el ejercicio con tu hijo. La clave es que hagáis los movimientos muy lentamente. Cinco minutos suelen ser suficientes para conseguir un estado de relajación adecuado.

➤ **Recuerda** que no se puede llegar a la cama dando botes ni gritos. Debemos intentar que sea un momento de calma que facilite la relajación y la llegada del sueño.

Capítulo VII

Estrategias fuera de casa

Estar fuera de casa no significa que no hay normas. Es cierto que en algunos contextos conviene relajarse un poco para no crear tensiones innecesarias. Pero si en casa se actúa con coherencia y de forma sistemática, tu hijo aprenderá que debe comportarse de la misma manera independientemente de dónde esté.

En cierta manera los padres esperamos un comportamiento ejemplar cuando estamos con otras personas. A veces nos olvidamos de que son niños y que salir les pone más nerviosos pues les cambia sus ritmos y rutinas. Recuerda que no se trata de quedar bien delante de nadie ni de mostrar lo bien que educamos a nuestros hijos. No pretendas imponerte más de lo habitual ni crear normas nuevas. Estar en un sitio desconocido con personas a las que apenas ves no es el mejor momento para enseñar a tu hijo a que no se levante de la mesa o a que duerma solo. Las normas deben empezarse en casa para lograr que sean realmente eficaces.

Es importante que te muestres relajado y que sigas tratando a tu hijo con naturalidad. Todo será más fácil.

Perseguir al niño, amenazarle continuamente, pedirle que hable más bajo o enfadarte con él de forma desproporcionada porque ha tirado algo o te ha insultado delante de todo el mundo no ayudará demasiado a que su comportamiento mejore. Con los niños mayores, conviene recordarles antes de salir qué esperamos de ellos. Y de vuelta a casa, no te olvides de felicitarles por el buen comportamiento.

Comer fuera de casa

Si en casa tu hijo está acostumbrado a permanecer sentado, terminar lo que tiene en el plato y usar los cubiertos de acuerdo con su edad, lo más probable es que repita este comportamiento cuando quedáis a comer con familiares y amigos.

Pero para él también es una novedad salir a comer a casa de unos amigos o a un restaurante. Lo más probable es que coma menos, que se muestre más distraído y que te haga menos caso que en casa.

- Intenta no exigirle que esté en la mesa más tiempo del habitual. A los adultos nos gusta saborear la comida y tener un rato de sobremesa, pero no tiene mucho sentido pretender que los niños disfruten tanto tiempo sentados como nosotros.
- Cuando termine de comer, permítele que se distraiga con alguna actividad. Elige lugares donde pueda jugar sin peligro o anímale a que pinte, lea, etcétera.
- Sé firme ante comportamientos inadecuados. Relajarse no significa dejarles hacer cualquier cosa. Avísale cuando se esté pasando y recuérdale cómo debe comportarse.
- No le amenaces continuamente. De nada servirá que le digas que si sigue así os iréis a casa o que no volveréis a comer fuera, entre otras cosas porque no terminas de cumplirlo.

➤ **Recuerda** que es un niño y, aunque veas a otros de su misma edad que son capaces de estar sentados durante horas, lo cierto es que no es lo habitual (y que todas las comparaciones son odiosas). Si a tu hijo le cuesta estar sentado, si sabes que sacarle de sus rutinas le pone especialmente nervioso, entonces deberás asumir que su comportamiento no va a ser el mejor. Mantén la calma y reparte con el resto de los adultos la tarea de prestar atención a los niños.

Comprar en un supermercado

Empujar el carro, elegir lo que se va a comprar y estar pendiente de un niño que corretea por los pasillos *arrasando* con todo lo que encuentra no es una tarea sencilla.

No siempre podemos dejar a los niños con alguien mientras vamos a la compra, pero si para ti no es una tarea especialmente divertida, imagínate lo que puede ser para un niño de 3 años que no tiene más remedio que acompañarte, esperar la cola de la carnicería y seguirte donde tú vayas.

Intenta no dedicar demasiado tiempo a hacer la compra si tienes que ir con tu hijo pequeño. Prepara la lista de lo que necesitas para no tener que pensarlo sobre la marcha.

Para conseguir que no sea algo tan aburrido prueba a implicarle en la tarea. Puedes incluso prepararle una lista especial para él en la que estén aquellas cosas que necesitáis y que sean fáciles de identificar para los niños. Si no sabe leer, hazle pequeños dibujos que le permitan reconocer los diferentes productos. También puedes pedirle que coja lo que le vas pidiendo, que lo ponga en el carro, que lo tache de la lista, etcétera.

Aprovecha también para educarle en un consumo responsable. ¿Quién no pediría sin parar ante la cantidad de objetos sugerentes que podemos encontrar en un supermercado? Pues los niños lo hacen. Te toca a ti, como adulto, poner un poco de orden a tanta petición e incluso negarte. Hazle ver que no se puede comprar todo lo que uno quiere, que hay cosas que deben esperar a que nos las regalen en una fecha importante, que debemos comprar lo que necesitamos... Si finalmente has decidido que vas a comprarle algo que quiere, recuérdale que se lo darás si se porta bien mientras hacéis la compra.

Expresa tu enfado cuando no se esté portando de la manera adecuada. En lugar de decirle: «Eres un maleducado», dile: «No me gusta que corras por los pasillos». Adviértele de la consecuencia de su comportamiento. No tiene sentido que le amenaces con algo que no vas a cumplir o que está demasiado distanciado en el tiempo. Decirle que se quedará sin tele esta noche no significa nada para el niño pequeño; avísale de que le sentarás en su silla la próxima vez que salga corriendo.

➤ **Recuerda** que no suele ser fácil, por lo que merece la pena simplificar estas tareas y no abrumar a los niños exigiéndoles un comportamiento perfecto.

Viajar en coche

¿Falta mucho? es una de las frases más repetidas en cualquier vehículo familiar. Para los niños el concepto de tiempo es diferente al del adulto y su impulsividad y deseo de hacer cosas les impide estar tranquilos en el coche durante horas.

Cuando programes una salida, intenta elegir el momento más adecuado. No todos los niños se duermen en el coche, pero suelen hacerlo cuando el viaje coincide con su siesta habitual. Asegúrate de que lleva ropa cómoda, que no pasa demasiado calor, que ha comido lo suficiente...

Y busca actividades que le permitan estar distraído. Algo de música, un libro o un juguete pueden entretenerle durante algunos ratos. Prueba, además, con los juegos tradicionales como el «Veo, veo», las adivinanzas, etcétera.

Enseña a tu hijo a disfrutar de un viaje, animándole a que descubra el paisaje, los animales que os encontráis, los diferentes pueblos, etcétera.

➤ **Recuerda** que es un niño y que está atado al asiento con un cinturón que le impide moverse. Intenta ser comprensivo para no perder la paciencia.

Ir al parque

Desde que son pequeños los niños deben aprender que existen una serie de normas para andar por la calle, estar en el parque, etc. La seguridad vial forma parte de la educación que deben recibir nuestros hijos y no hay que esperar a que se la enseñen en la escuela.

Los niños deben dar la mano al adulto para cruzar (hasta que pueden hacerlo solos) y mirar a uno y otro lado para asegurarse de que no viene ningún coche. Y eso lo puede y lo debe hacer contigo.

Asegúrate de que aprende a cruzar por los pasos de cebra, que conoce lo que significan las diferentes luces de un semáforo, que no va a salir corriendo tras una pelota sin mirar antes...

A la mayoría de los niños les gusta salir al parque. Se convierte en un momento de esparcimiento en el que pueden hacer un montón de cosas divertidas sin que tengan que estar continuamente pendientes de que se les caiga o rompa algo. Además, en el parque se encuentran con otros niños y eso siempre está bien.

Ya hemos visto que ir al parque es una buena opción para educar. Los niños se relajan y se portan mucho mejor en casa si han tenido un rato para saltar y correr. Por otro lado, esta salida se convierte en un buen refuerzo para la mayoría de los niños.

Recuérdale cómo debe ser su comportamiento cuando vayáis al parque. Dile que quieres que vaya por la acera, que se pare a esperarte para cruzar de tu mano, que no debe salirse de un determinado recinto, que debe pedirte permiso para determinadas cosas... en fin, todo aquello que tú creas necesario. No des todas las normas, ve introduciéndolas poco a poco.

Adviértele también de lo que pasa si no cumple las normas. Decirle que os volveréis a casa es lo más eficaz. Y cúmplelo. Si tu hijo sale corriendo para cruzar, cógele de la mano y con voz tranquila (todo lo que puedas en estas circunstancias) dile que os volvéis a casa. No pretendas razonar con él ni negociar; recuérdale brevemente la norma.

Intenta anticiparte a los momentos de peligro. Si tu hijo es demasiado impulsivo para frenar cuando llega el momento de cruzar, anímale a que vaya contigo de la mano hasta que lleguéis al parque, y aprovecha para hablar con él, contarle alguna historia que le tenga entretenido, etc. Una vez en el parque, déjale que corra y ponle un pequeño límite para tenerlo bajo control («Debes quedarte dentro de este recinto», por ejemplo).

Capítulo VIII

Cambios vitales

Los niños, como cualquier persona, cambian. A veces esos cambios son evolutivos, es decir, producidos por la edad y las nuevas capacidades que se van adquiriendo. En otras ocasiones, los cambios son externos a ellos y les suelen proporcionar nuevas posibilidades de maduración.

La mayoría de los niños muestran una gran capacidad para adaptarse a situaciones nuevas, sobre todo si los adultos somos capaces de transmitirles la seguridad que necesitan y les enseñamos a vivirlas con naturalidad.

Ante determinados cambios, el niño puede empezar a comportarse de una manera diferente: madura, retrocede en su comportamiento (vuelve a hacerse pis encima, por ejemplo), está más nervioso o distraído, tiene menos apetito, se porta peor... El adulto debe mantener la calma y mostrarse cercano al niño para que éste pueda superar los cambios que van surgiendo en su vida y aprovecharlos para seguir creciendo.

De nada servirá decir «Este niño es un insoportable» o «Desde que ha nacido su hermano no hay quien le aguante». Tu hijo necesitará tu apoyo y que le enseñes nuevas maneras de comportarse para afrontar mejor esos cambios.

La entrada en la escuela

Uno de los primeros cambios vitales que experimentará tu hijo será la entrada en la escuela. Para muchos niños no es un momento fácil, incluso aunque se hayan encontrado confiados y seguros anteriormente. Por eso, es importante que las personas cercanas a él vayamos dotando de significado la nueva experiencia. Y ¿eso qué significa? Pues que es conveniente que le expliquemos al niño el sentido de la escuela y del aprendizaje.

Posiblemente tu hijo ya haya oído hablar del colegio porque su hermano mayor va o porque tú le hayas ido hablando del tema. El colegio debe presentarse como un lugar agradable, donde va a estar con otros niños y aprender muchas cosas divertidas.

Es conveniente que el niño sepa dónde está su colegio y conozca a su profesor/a. Eso le dará seguridad. A lo mejor le cuesta coger el hábito, pero si los padres mantenemos la calma y tenemos cuidado de no favorecer el miedo o la inseguridad, las dificultades se irán superando.

Tanto si se trata de la escuela infantil como del colegio, el ir aumentando progresivamente el tiempo de estancia en el centro facilita enormemente la adaptación. Así, el niño va aprendiendo que después sus padres irán a recogerle.

Entre los motivos que pueden contribuir a que el niño se resista a ir a la escuela están los siguientes:

• Para muchos niños ir a la escuela es la primera experiencia de separación prolongada del ambiente seguro del hogar y de sus padres. De repente, debe compartir su tiempo con personas a las que no conoce y aprender a llevarse bien con ellas; además, no va a recibir la atención personalizada del adulto, ya que el profesor debe repartirla entre todos los niños del aula. Normalmente el tiempo ayuda a superar estas dificultades, sobre todo si el niño empieza a desarrollar habilidades para relacionarse con los demás y se encuentra en un ambiente estimulante y seguro. Por eso es importante que los niños estén con otros niños y que se queden al cuidado de otras personas desde que son bien pequeños; eso facilita la independencia y la adaptación a cualquier nuevo entorno.

• A muchos padres también les cuesta la separación. Es normal que estemos preocupados al dejar por primera vez a nuestro hijo al cuidado de otras personas, pero es un cambio importante para el niño que va a contribuir a su formación y su desarrollo. Aceptar la separación como parte importante del proceso educativo nos va a permitir educar al niño de una manera mucho más confiada.

• En ocasiones, el colegio o el profesor en concreto no reúne las características necesarias para que el niño se sienta tranquilo en el aula. A veces una educación demasiado exigente que no atiende a las necesidades del niño o que no se adapta a ellas puede ocasionar que el niño se muestre intranquilo y nervioso. Elegir bien el centro, mantener contacto frecuente con los profesores, nos ayudará a discriminar si este factor es el que determina el rechazo de nuestro hijo. Desde luego no se trata de culpar al centro educativo ante el más mínimo rechazo del niño, pero sí de implicarnos en la educación para asegurarnos de que las cosas funcionan de forma adecuada.

Para favorecer la adaptación hay que evitar:

• Proteger en exceso al niño, pues esto le impedirá que actúe de una forma independiente y autónoma.

• Mostrarse ansioso y/o apenado delante del niño. Tu hijo estará bien atendiendo en el centro que has elegido, por lo que debes intentar estar tranquilo.

• Amenazar al niño con el colegio («Si te portas mal, te dejaré más tiempo en el cole» o «No te iré a buscar»).

• Montar una «escenita» cuando se deja al niño en el colegio, con una despedida llena de abrazos y besos.

Y procuraremos:

• Hablar siempre de forma positiva del colegio, de los profesores, de lo bien que lo pasan los niños haciendo cosas juntas.

• Transmitir al niño seguridad a la hora de ir al colegio, viviendo este proceso como algo natural.

• Estar convencido de que la educación infantil es fundamental en su desarrollo.

• Escuchar al niño con interés sobre las vivencias del día en la clase y desdramatizar los pequeños conflictos entre los niños.

• Mantener un contacto permanente con el centro y, sobre todo, con los profesores, para hacer posible la más completa interacción educativa.

El nacimiento de un hermano

El nacimiento de un hermano no siempre provoca celos. La aparición de este sentimiento está asociado a la edad del niño, a sus características de personalidad y, sobre todo, a la respuesta que los adultos damos a este acontecimiento.

Si un niño ha recibido atención las 24 horas del día y de repente apenas le hacemos caso, nos empiezan a molestar las cosas que antes nos hacían gracia o cada vez que habla le decimos que está molestando a su hermano pequeño, ¿no te parece que lo más normal es que surjan los celos?

Ahora bien, es verdad que se puede producir una pequeña crisis en el desarrollo del hermano mayor y que pueden surgir algunos retrocesos: comienza a chuparse el dedo cuando antes no lo hacía, vuelve a hacerse pis en la cama, a no vestirse ni a comer solo, a adoptar el lenguaje, gestos y modales de un bebé...

Lo normal es que este período se supere sin demasiados problemas sobre todo si los adultos de la familia y amigos próximos ponen cuanto esté de su parte para ayudar al niño a interpretar y manejar sus sentimientos.

Para facilitar la aceptación del nuevo hermano es conveniente:

- Informar al niño de la llegada de su hermano. Cuando se carece de información, estamos alimentando el miedo y el temor.
- Pedir la colaboración del niño para que ayude a preparar la cuna, ordenar la ropa y los juguetes del recién nacido.
- Contarle las ventajas de tener un hermano (podrá jugar con él, por ejemplo).
- Aceptar los posibles cambios en el comportamiento del niño como algo natural y no *machacarle* por ellos.
- Seguir dedicando al niño la atención que necesita e intentar que no desaparezcan de sus rutinas momentos significativos.

Pero ¿qué podemos hacer ante las manifestaciones de celos?:

• No regañes a tu hijo cuando se comporte como un bebé. Ante este retroceso (hablar de forma infantil, negarse a hacer solo cosas que antes hacía...) lo mejor es no prestar atención.

• Hazle ver lo satisfecho y orgulloso que te sientes de él cuando se comporta de acuerdo con su edad. Recuerda que tu atención sigue siendo tu principal herramienta educativa, así que no dudes en felicitarle ante conductas adecuadas.

• Evita que otros adultos centren toda su atención en el recién nacido cada vez que llegan a casa.

• Haz partícipe a tu hijo mayor del cuidado del bebé. Dar un biberón, cambiar el pañal, traer algún juguete, etc. son algunas acciones en las que puede colaborar.

• Disfruta con tu hijo mayor del tiempo que pasáis juntos haciendo «cosas de mayores». En cuanto te sea posible, programa un tiempo exclusivo para estar con tu hijo mayor.

La separación de los padres

A los niños no suele gustarles que sus padres se separen, incluso cuando son mayores y pueden entender fácilmente los motivos. Desde que son pequeños, han vivido en una estructura familiar y la separación de los padres conlleva cambios importantes en sus vidas: nueva casa, nuevo colegio, otros amigos, nuevas parejas de sus progenitores...

Ahora bien, eso no significa que la separación conlleve necesariamente un trauma irrecuperable en los niños. Éstos son capaces de adaptarse a la nueva situación y los adultos podemos contribuir a que sea así:

• Explicad al niño los motivos que os llevan a separaros en términos que él pueda entender. No hace falta que le contéis todos los detalles, pero sí los suficientes para dejarle claro que él no es responsable de la separación y que le vais a seguir queriendo como hasta ahora.

• Dotadle de referentes claros. El niño necesita saber qué va a pasar con su vida y cómo se va a organizar a partir de ese momento. Intentad respetarle al máximo sus rutinas, actividades, amistades, etcétera.

• Siempre que sea posible, intentad que haya acuerdos mínimos sobre su educación.

• Mantened los criterios educativos que creáis adecuados. Las normas y los límites siguen siendo esenciales en estos momentos. Recordad que permiten a vuestro hijo crecer en un ambiente seguro.

Lo cierto es que separarse tampoco es una decisión fácil para los padres y se suele llegar a ella después de haber vivido múltiples situaciones de tensión. Pero a pesar de eso no conviene perder de vista lo importante que es que no le lleguen al niño todas las diferencias que existen entre sus progenitores, ni que se le ponga en medio de ellas. Los adultos, además de comunicarle la decisión, deben ser capaces de proporcionar al niño el ambiente de seguridad que necesita y por eso, aunque cueste, deben esforzarse por llegar a una serie de acuerdos pensando en el bienestar de sus hijos.

Para conseguirlo:

• No dejes que tus hijos sean objeto de discusión, ni les utilices para hacer daño a tu pareja. No discutas con tu pareja por los niños; si no es posible llegar a acuerdos, buscad ayuda que medie entre vosotros.

• Evita hablar mal de tu ex pareja (al menos delante de tus hijos). Muestra respeto pues eso permitirá a tus hijos sentirse seguros y vivir en un ambiente mucho más relajado.

• Elimina la culpa. Algunos padres se sienten culpables por haberse separado e intentan compensarlo malcriando a sus hijos. Aunque tu hijo se sienta triste (algo completamente normal que irá superando), no necesita que le llenes de regalos o que le permitas hacer cualquier cosa. Recuerda que las normas siguen siendo fundamentales.

• Confía en tu capacidad para educar. Ten en cuenta que si tú estás bien te será mucho más fácil que tus hijos se sientan bien.

Es probable que uno de los progenitores (o los dos) vuelva a tener pareja. La reacción que puede tener un niño ante este suceso dependerá de su edad, de su personalidad, de la relación que mantenga con sus padres y con la nueva pareja, del modo en que se hayan producido tanto la separación como la nueva unión... Debemos entender que es normal que exista un tiempo de adaptación y de reajuste que será mucho más sencillo si el niño conoce en qué medida esa relación puede afectar a su vida.

Por eso es importante hablar con el niño, permitirle que exprese sus miedos e inquietudes y presentarle a la nueva pareja no como un sustituto del padre o de la madre, sino como alguien con quien puede compartir parte de su vida.

La muerte de un familiar

No es fácil aceptar la muerte de un ser querido. Para el niño tampoco lo es. La forma en que él lo asuma dependerá fundamentalmente de su edad, de las condiciones en que se haya producido la pérdida, de los lazos que mantenía con la persona que ha perdido y, sobre todo, de la actitud de los adultos que le rodean.

El ambiente del hogar sufre cambios cuando una persona significativa muere. Las actividades se modifican, los horarios también y la tristeza está continuamente presente. Es normal que todo esto afecte al niño y no podemos pretender que las cosas vuelvan a ser como eran antes. Perder al padre, la madre, un hermano o al abuelo provoca una serie de cambios y será necesario un tiempo para que se pueda volver a llevar una vida normal.

Como adultos deberemos ir recuperando poco a poco la serenidad, apoyándonos en nuestras creencias y/o en las personas en las que podemos confiar y haciendo lo posible para seguir ofreciendo al niño un ambiente seguro y rodeado de afecto.

La principal dificultad que tenemos los adultos para explicar al niño lo sucedido es que ni nosotros mismos lo entendemos o no estamos convencidos de lo que cultural o religiosamente se nos ha transmitido. No es fácil entender que la persona que antes estaba con nosotros, compartiendo la vida, ahora, de repente, no esté. Por eso no tengas miedo en reconocer tus propias dudas, en admitir que te sientes mal y en asumir que lo único que se puede hacer es aceptar lo sucedido:

• Permite que se expresen los sentimientos. Cuéntale cómo te sientes y escucha a tu hijo. Recuerda que él tiene menos facilidad que tú para expresar sus emociones verbalmente, pero intenta darle significado a su tristeza o a sus cambios de humor, para poder afrontar mejor lo que está pasando.

• Explícale de forma simple y clara el significado de la muerte a tu hijo, con una actitud serena y tranquila. Es posible que el niño haga preguntas que tú no sepas cómo contestar; hazle ver que no tienes respuesta para todo. Recuerda que en este tema no hay una única visión, pero lo que necesita tu hijo es saber lo que tú opinas.

• Recordad a la persona fallecida con alegría, evocando los buenos ratos que pasasteis juntos, lo que aprendisteis a su lado...

• Asegúrate de que el niño sigue recibiendo el afecto y la atención que necesita. Si tú no te sientes con demasiadas fuerzas, pide ayuda para que el niño no se sienta solo. Y ve recuperando la confianza en ti mismo para proporcionar a tu hijo lo que necesita.

• Acepta los cambios de comportamiento como algo normal. Tras la muerte de un ser querido, al perder referentes importantes, el niño puede iniciar conductas inadecuadas (estar más nervioso o pasivo). Sé paciente.

• No admitas la compasión. Perder al padre o a la madre es muy duro, pero escuchar continuamente la pena que tu hijo provoca en los demás no ayudará a nadie. El niño no es un «pobrecito»; puede y debe seguir recibiendo todo el cariño que se merece y para ello debes asegurarle de que se lo vas a proporcionar.

• Recuperar, poco a poco, la normalidad. Las normas y las rutinas permitirán al niño fortalecer la confianza en sí mismo y en las personas que le rodean.

Diez pistas para recordar

- Mantén la calma. Eso te permitirá afrontar las dificultades con confianza.
- Es importante que tu hijo aprenda a elegir, pero nunca le presentes demasiadas opciones (en niños pequeños dos son suficientes), pues les genera demasiada confusión.
- Acepta algunos comportamientos como algo normal en su desarrollo. El niño necesita desordenar antes de ordenar.
- La repetición y unas normas claras son esenciales para afrontar cualquier situación.
- Elimina los elementos que os puedan distraer. Si no la estáis viendo, apaga la tele; si hay demasiados juguetes, guarda unos pocos, etcétera.
- No vivas la negación de tu hijo como una manera de enfrentarse a ti. Sé paciente, recuérdale la norma, usa la distracción, etcétera.
- Enseña a tu hijo a aplazar sus deseos y aceptar las pequeñas frustraciones del día a día. Es importante que aprenda que no puede conseguir todo cuanto desea.
- Aprovecha que a tu hijo le encanta jugar para enseñarle a disfrutar de todo cuanto hace.
- No permitas que tu hijo pegue a los demás (tampoco tú lo hagas). Enséñale a conseguir lo que quiere de una manera más positiva.
- Los hábitos que están instaurados se pueden modificar con algo de tiempo y las técnicas adecuadas.

CUARTA PARTE

Bienestar familiar

Capítulo IX

Cuídate

Cualquier relación está enmarcada en un contexto. Seguramente has experimentado que te llevas mucho mejor con tu hijo cuando pasas una buena racha en el trabajo y te sientes bien con tu pareja.

Cuando las cosas empiezan a torcerse, ¡incluso los niños se portan peor! Lo cierto es que la propia satisfacción y tranquilidad personal repercute en el modo en que nos relacionamos con los niños, les transmitimos más o menos seguridad y confianza, nos sentimos más o menos capaces de educarles, etcétera.

Por otro lado, el bienestar familiar no es sólo que los niños se porten bien, no es conseguir un buen comportamiento, sino llegar a fortalecer relaciones positivas en las que nos sintamos a gusto y de las que podamos disfrutar. Si te sientes a gusto junto a tu hijo, cualquier estrategia o técnica que utilices será mucho más eficaz.

Fortaleciendo la propia autoestima

Si el adulto está bien, si se siente a gusto consigo mismo, aumenta la probabilidad de que el niño sea feliz y se comporte de manera adecuada.

Por el contrario, cuando nos fallan las fuerzas, cuando sentimos que todo se escapa de nuestro control, cuando nos dejamos llevar por la apatía y el desánimo, eso le llegará a nuestro hijo y se transformará en maneras concretas de comportamiento.

Es fundamental que te empieces a sentir un padre competente:

• Elimina los sentimientos de culpa. Nos sentimos culpables si abandonamos nuestra carrera profesional para cuidar a nuestros hijos o por seguir trabajando y dejarles al cuidado de otras personas. ¡Ya está bien! Toma la decisión que creas más adecuada, atendiendo a tus necesidades. Siempre encontrarás a alguien que no esté de acuerdo con tu decisión, pero no vive tu vida ni tus circunstancias, así que pídele que te respete y sigue haciendo lo que tú consideres adecuado. Cuando nos sentimos culpables, podemos caer en el error de educar para no sentirnos mal, permitiendo que los niños hagan lo que quieran para que no se enfaden con nosotros. Confía en ti mismo y educa pensando en lo que los niños realmente necesitan.

- Olvídate de los «debería». Desde que somos muy pequeños hemos ido escuchando mensajes que nos indican cómo debemos ser y comportarnos. «Debo tener la casa limpia», «Debo ser el mejor en el trabajo», «Debo ganar mucho dinero»... son algunas de las expresiones que hemos ido escuchando y haciendo nuestras. En la mayoría de las ocasiones, estos «debería» se convierten en imposiciones muy difíciles de lograr o mantener y que caen sobre nosotros como pesadas losas. Como un día más, te levantas y te das cuenta de que tu casa sigue tan desordenada como el día anterior, que no te conceden un ascenso o que no eres millonario. Intenta liberarte de estos mensajes para priorizar lo que realmente importa: a lo mejor tu casa no está impecable, pero estás leyendo y jugando con tus hijos.
- Reserva un hueco para ti y lo que tú necesitas. Los primeros meses tras el nacimiento de un hijo desbarajustan a cualquiera, pero poco a poco deberás ir recuperando tu identidad y tus ganas de hacer cosas para ti mismo. Convéncete de que no eres un egoísta ni un mal padre si dejas a tus hijos en casa de unos familiares para salir a cenar o al cine. Los niños aprenderán a convivir con otras personas, a establecer rutinas fuera de casa, y tú podrás disfrutar de una noche de relax que nunca viene mal. Aunque tengas la sensación de hacer malabares para cuidar a tus hijos, trabajar, hacerte cargo de la casa y de las miles de responsabilidades que vamos asumiendo en la actualidad, lo cierto es que no puedes perder la sensación de control sobre tu propia vida. Recuerda que si tú te sientes bien, si sigues teniendo un hueco para cuidarte física y mentalmente, si puedes quedar y charlar con otros adultos, te será más fácil educar a tus hijos y mucho más gratificantes los momentos que pasas con ellos.

• No te olvides de tus proyectos. La paternidad quita tiempo y energía, pero no puede ni debe convertirse en una continua renuncia a nuestros proyectos. A veces dejamos de hacer cosas escudándonos en que ser padres nos absorbe plenamente, pero en ocasiones lo utilizamos como excusa para no enfrentarnos a la tarea ni poner a prueba nuestras propias capacidades. No se trata, desde luego, de llenarnos de más tareas y responsabilidades sin más, pero sí de darnos cuenta de que podemos seguir controlando gran parte de nuestro tiempo, de nuestra propia vida. A lo mejor ahora tus hijos son demasiado pequeños y necesitan una atención constante; pero no pierdas de vista tus proyectos para irlos llevando a cabo cuando tus hijos vayan ganando en autonomía e independencia.

• Fórmate como padre. Leer libros como éste, hablar con otros padres, participar en algún curso, etc., son algunas ideas para sentirse un poco más apoyado. Es normal que, en ocasiones, no sepas muy bien cómo actuar y comentarlo con alguien que pasa algo parecido puede darte alguna pista. Está claro que el objetivo no es comparar tu familia con las demás, sino descubrir y reflexionar sobre otra manera de hacer las cosas para ver en qué medida puede serte de utilidad.

• Aprende a reflexionar sobre lo sucedido. No hay recetas ni soluciones mágicas. Incluso la mejor estrategia puede fracasar si llegamos a casa de mal humor o nuestro hijo no ha tenido un buen día. Por eso es importante pararse a pensar. La reflexión te permitirá ir conociendo mejor a tu hijo y también conocerte mejor a ti. ¿Por qué hoy te ha molestado tanto que tu hijo derramara la leche cuando otras veces no le has dado mayor importancia? Piensa en cómo lo que tú sientes puede estar influyendo en la relación y busca la manera de mejorar las cosas.

• Di cosas agradables a ti mismo. De nada servirá que te repitas continuamente que eres un mal padre o que esta vez tampoco has sabido decirle la norma con firmeza. En cambio, si te dices a ti mismo que eres un padre competente, que eres cariñoso, que te preocupas por tus hijos, que intentas hacerlo bien..., la imagen que tengas de ti mismo empezará a cambiar y eso se reflejará en la manera en que te relacionas con tus hijos. Si tú dudas, si te sientes inseguro, si no crees que puedas influir en el comportamiento de tus hijos, lo más probable es que todo tu cuerpo transmita estos sentimientos.

• Cuida tu relación de pareja. Los niños apenas dejan espacio para hablar; las conversaciones que inicias con tu pareja son interrumpidas mil veces hasta que cedes y dejas de hablar para atender a los niños. Pero es importante que sigáis teniendo tiempo para comunicaros, para salir, para mantener relaciones sexuales, para hacer juntos cosas que os gustan... La inercia de cada día puede ir debilitando la relación sin apenas darnos cuenta. Intentad cuidar los detalles que permiten que vuestra relación siga teniendo sentido. Cuando sólo nos dedicamos a educar, atendiendo a lo que surge en el día a día, pero sin tiempo para reflexionarlo, para comentarlo con el otro, lo más probable es que aumenten las situaciones de tensión, pues ni vosotros mismos os habéis parado a decidir sobre la mejor manera de actuar en cada momento. Estar juntos (y solos) os ayudará a reflexionar sobre cómo os relacionáis con vuestros hijos, además de fortalecer los lazos de la pareja.

Eliminando la tensión

Educar no es fácil, pero resulta mucho más sencillo cuando somos capaces de mantener la calma. La mayoría de las actividades que te gustan te ayudan a estar tranquilo y si puedes incluir alguna actividad física mucho mejor. El deporte, incluido caminar, permite liberarse de las tensiones y sentirse en forma.

También puedes realizar diferentes técnicas de relajación con las que podrás serenarte tras momentos conflictivos y sentirte un poco más descansado. Prueba con alguno de los siguientes ejercicios:

• Ejercicio de respiración. Está en la base de los ejercicios de relajación. Consiste en ser consciente de la respiración que realizamos, intentando que el aire que se toma llegue a la zona abdominal de nuestro cuerpo. Para llevarlo a cabo, busca un lugar tranquilo en tu casa, siéntate o túmbate, desabróchate el pantalón o cualquier otra prenda que te oprima, cierra los ojos y empieza a sentir tu respiración, tomando el aire por la nariz y soltándolo lentamente por la boca. No se trata de forzar nada, sino de intentar encontrar tu ritmo natural de respiración. Cuando estamos nerviosos, el aire llega a la parte superior de nuestros pulmones y eso contribuye a que aumente la aceleración de todo nuestro organismo. En cambio, una respiración relajada se caracteriza por ser más profunda. Coloca tus manos sobre tu abdomen para notar cómo se elevan cuando llega el aire a esta zona. Repite la secuencia durante cinco-diez minutos. Al principio cuesta, pero con la práctica se consigue esta respiración abdominal.

• Ejercicio de tensión/distensión. Al alterarnos, todos nuestros músculos se contraen; con este ejercicio, pretendemos identificar los músculos que tenemos tensos y aprender a relajarlos. En muchas ocasiones, los dolores musculares (incluidos algunos dolores de cabeza) están provocados por un exceso de tensión. Aprender a relajarlos contribuirá notablemente a mejorar nuestro bienestar físico. Parte de una respiración tranquila (como la descrita en el ejercicio anterior). A continuación tensiona las distintas partes de tu cuerpo, empezando por tu cabeza y terminando en los pies. Por ejemplo: arruga la frente, elevando las cejas todo lo que puedas; mantente así durante cinco segundos y después relaja esa zona. Repite esta secuencia con diferentes movimientos: cierra fuertemente los ojos, aprieta cada uno de los puños, eleva los hombros... y después libera la tensión hasta sentirte relajado. Puedes centrar la relajación en aquellos músculos que sientas especialmente tensos, repitiendo los ejercicios de tensión-distensión hasta que los notes menos agarrotados.

• Ejercicio de visualización. Consiste, básicamente, en ejercicios de relajación a través de imágenes mentales. No todas las personas tienen la misma habilidad para pensar con imágenes, pero también se puede aprender con la práctica. A partir de un estado de relajación (básicamente a partir de un ejercicio de respiración) intenta imaginar diferentes situaciones. A algunas personas les relaja «visualizar» situaciones que han vivido, lugares en los que se han sentido especialmente tranquilos (en la playa, la montaña)... Intenta rememorar esa situación con el mayor número de detalles (cómo te sentías, con quién estabas, a qué olía, qué temperatura hacía...). No se trata tanto de hablarlo como de vivirlo mentalmente. También podemos utilizar la visualización para anticiparnos a situaciones que nos provocan tensión para *imaginar* posibles maneras de comportarnos ante ellas; es una especie de ensayo mental. Prueba a hacerlo con alguna situación difícil con tus hijos, en tu trabajo, etcétera.

• Ejercicio de autodiálogo positivo. Ya hemos visto que como padres necesitamos decirnos que somos valiosos y competentes. Está claro que no somos perfectos (es imposible), pero no necesitas recordártelo continuamente. También es importante que te convenzas de que eres capaz de muchas cosas, incluso más de las que te habías imaginado. A partir de la relajación puedes «inyectarte» esa dosis de confianza tan imprescindible a la hora de educar.

Capítulo X

La expresión de las emociones

Las relaciones humanas son básicamente emociones. A veces nos resulta imposible aplicar una técnica que nos aseguran eficaz para ayudar a nuestro hijo a dormir porque surgen emociones ambiguas que nos impiden dejarle solo en su cuarto o llorar más de tres minutos seguidos.

Las emociones están ahí y es importante que estemos dispuestos a reconocerlas, expresarlas y utilizarlas para mejorar las relaciones con los demás, especialmente con nuestros hijos.

Los niños manifiestan emociones desde que son muy pequeños: el llanto o la risa surgen tempranamente y los adultos las interpretamos dándoles un significado determinado. A medida que avanza el lenguaje, el niño también aprende a expresar cómo se siente, aunque le llevará un tiempo darle el nombre correcto o aprender a controlarse.

La tristeza, la alegría y la ira son las primeras emociones a partir de las cuales se van a desarrollar las demás.

Alrededor de los 3 años el niño es capaz de manifestar y reconocer las emociones de orgullo, envidia y culpabilidad. Se trata de emociones claramente influenciadas por el contexto social, es decir, aprende a sentirse orgulloso porque ha realizado con éxito una tarea y tú, u otras personas importantes para él, se lo habéis reconocido. Y puede sentir envidia porque ve como otros niños consiguen cosas y él no. Y aprende a sentir culpabilidad, porque cuando le regañamos le hacemos ver que no se ha portado de forma adecuada.

En resumen, las emociones se aprenden porque el niño las ha visto en los demás y por las explicaciones que les damos sobre cómo se sienten. Por otro lado, cuando reforzamos un sentimiento, conseguimos que se mantenga y se repita; cuando retiramos el refuerzo o le castigamos, conseguimos que desaparezca o disminuya. Tradicionalmente, por ejemplo, se ha reprendido a los niños varones que lloran diciéndoles que eso es de cobardes o de bebés, mientras que a las niñas se les ha permitido llorar sin darle mayor importancia. En el primer caso se ha castigado la emoción de tristeza, mientras que en el segundo se ha reforzado.

Empieza por conocer cómo sientes tú

Para aprender a expresar emociones es necesario pararse a pensar en nuestras propias emociones y descubrir cómo éstas influyen en nuestro modo de actuar, pensar y comunicarnos. Desgraciadamente nos han educado muy poco en este tipo de tareas y por lo general nos han enseñado que lo mejor que podemos hacer con nuestras emociones, sobre todo si son «negativas», es reprimirlas. Pero eso no nos ayuda a controlarlas.

Mientras estemos contentos parece que no hay problema, pero ¿qué pasa si sentimos tristeza ante algún acontecimiento de la vida o si volvemos a casa enfadados después de haber discutido con un compañero de trabajo? Las emociones están ahí y repercuten en nuestro funcionamiento y en las relaciones que mantenemos con los demás. Y, por supuesto, en el modo en que educamos a nuestros hijos.

Por eso es importante que intentes separar entre tus emociones y que seas consciente de qué no siempre el comportamiento de tu hijo es lo que te genera mal humor.

A veces sí, y algunos padres expresan emociones como las siguientes cuando ya no saben qué hacer con sus hijos:

- Me voy de la habitación, dando un portazo.
- Le digo a su madre: «Ocúpate tú de él que ya no puedo más».
- A veces no me queda más remedio que zarandearle; puede conmigo.
- Sin darme cuenta me pongo a gritarle.

Cuando sientas que no puedes más:

• Comparte con alguien cómo te sientes. Debes ser consciente de lo que estás sintiendo y buscar la oportunidad de hablar de tus emociones con un adulto. Hacerlo te ayudará a relajarte, pero además te permitirá comprobar que otros padres pasan por situaciones similares. Pregúntales a ellos cómo controlan la situación.

• Realiza ejercicios de relajación. Vete unos minutos a tu cuarto cuando empieces a sentir que pierdes la paciencia y retoma la situación cuando te encuentres más tranquilo.

• Intenta separar aquellas emociones que no tienen que ver con tu hijo para que no sean un obstáculo entre vosotros. No dejes que los problemas en el trabajo, con otras personas, etc., te agobien tanto que te impidan disfrutar de la relación con tu hijo.

• Utiliza las diferentes técnicas que hemos visto. Recuerda que no es necesario dar sermones ni alterarse. Repetir la norma y la consecuencia de forma firme y coherente afianzará tu autoridad y eso siempre ayuda a mantener la calma.

• Di a tu hijo cómo te sientes, de forma breve y adaptándote a lo que puede entender. Hazle ver que también tú te enfadas o te entristeces, pero no por ello rompes cosas o gritas.

• Si sientes que no puedes hacerte con el control, no dudes en buscar la ayuda especializada que necesitas.

Ante las emociones del niño

A continuación encontrarás pautas para ayudar al niño a expresar sus emociones y situaciones con diferentes alternativas que te permitirán reflexionar sobre ellas.

1. Permite al niño que exprese sus sentimientos. En ocasiones, cuando nuestro hijo nos expresa su malestar, hacemos lo posible para evitar hablar de ello. Si nos dice que está triste porque se ha roto su muñeco, le decimos que no se preocupe que le compraremos otro; si está enfadado con su amigo, le animamos a que no piense en ello o le distraemos con otra cosa. No es malo hablar de los sentimientos, aunque es lógico que intentemos que nuestros hijos no lo pasen mal. Pero es que expresar-

los contribuye a superarlos. Escucha lo que tu hijo tenga que contarte y muéstrale que le comprendes sin juzgar nada, sin dar consejos. Simplemente escucha y demuestra que lo estás haciendo.

No hagas distinciones en función del sexo. Tanto los niños como las niñas pueden sentirse tristes. Enséñales a llorar por cosas importantes y no favorezcas en ningún caso el lloriqueo.

➤ **Recuerda** que tu hijo será algún día adolescente y que puede contar contigo para hablar de sus cosas si durante los años anteriores ha visto que eres capaz de escuchar sin criticar. (A pesar de todos los esfuerzos, los adolescentes suelen preferir hablar con sus amigos, pero conviene tener unas bases sólidas para la comunicación).

Situación 1

No sabes muy bien por qué, pero tu hijo vuelve triste del colegio. Finalmente te cuenta que se le ha perdido uno de sus juguetes favoritos en el patio...

a) Le dices: «Te advertí que no debías llevártelo».

b) Le dices: «Pero hombre, si eso es una tontería..., no hay que ponerse así».

c) Le dices: «Sé que era importante para ti y es normal que estés triste».

Comentario

Para tu hijo perder un juguete puede ser algo muy significativo. Que le quites importancia o que le culpes por ello porque ya se lo advertiste no le va a ayudar a sentirse mejor. Intenta entender lo que para él es importante, porque eso te permitirá comprenderle mejor y establecer una relación más cercana. Explícale que la tristeza es algo normal, permítele que se desahogue y luego anímale a que haga algo que le distraiga.

2. Entender sus sentimientos no significa que no haya que censurarle un comportamiento inadecuado. La norma está ahí y hay que hacerle ver que debe cumplirla aunque le cueste, aunque esté enfadado. Pero no fortalezcas el enfado. Mantén la calma y muéstrate firme, al tiempo que aceptas su sentimiento.

Situación 2

Tu hijo está sentado el rincón de pensar porque ha roto un jarrón...

a) Vas constantemente para recordarle lo mal que se ha portado.

b) Cuentas a otros adultos lo que ha pasado para que el niño se sienta mal.

c) Cumples con la secuencia del tiempo para pensar.

Comentario

Es importante que censuremos al niño por lo que hace y no por lo que es. El tiempo para pensar es una sanción suficiente, por lo que no hay que seguir martirizando al niño una y otra vez por lo sucedido, ni airearlo públicamente. Nuestro objetivo no es que se sienta mal eternamente, sino que aprenda a tener más cuidado la próxima vez.

3. Ayuda a controlar y/o transformar los sentimientos negativos. Una vez que el niño ha expresado que se siente mal, debemos ayudarle a buscar maneras de afrontar esos sentimientos. A veces uno está triste y no le queda más remedio que aceptarlo; otras, conviene enseñar al niño qué puede hacer para arreglar la situación y sentirse mejor.

Situación 3

Tu hijo siente celos de su hermano pequeño. Cada dos por tres está montando una pelea porque el pequeño quiere sus juguetes.

a) Le gritas: «Ya está bien, la vida no es justa y tienes que aceptarlo».

b) Le ordenas: «Vete a tu cuarto».

c) Le explicas que no es fácil tener que compartir, pero que puede disfrutar mucho con su hermano si se lo propone.

Comentario

Tu hijo tiene que aprender a compartir con su hermano pequeño, pero es que ahora le cuesta. Decirle que tiene que aceptar las injusticias no es demasiado consolador y menos cuando queremos después enseñarle el sentido de la justicia y lo importante que es respetar al otro. Y mandarle a su cuarto cuando puede tener parte de razón sólo fomentará la ira y el resentimiento entre los hermanos. Pídele que sea paciente y anímale a que comparta.

4. Enséñale a pensar en positivo ofreciéndole alternativas. «¿Qué puedes hacer?» es una buena pregunta para animar al niño a resolver sus dificultades y enfrentarse a sus sentimientos negativos. Cuando aceptamos los sentimientos sin juzgar, cuando permitimos que el niño busque soluciones sin darle consejos, favorecemos su autonomía en el terreno de las emociones.

Situación 4

Tu hijo te cuenta que está enfadado con su profesor porque le ha chillado por no llevar el libro de la asignatura...

a) Le dices: «¿Qué quieres? Si no estuvieras todo el día distraído con la maquinita nadie te chillaría».

b) Le das la razón al profesor y le dices que espabile la próxima vez.

c) Aceptas sus sentimientos y le animas a que busque una solución para que no vuelva a pasarle.

Comentario

Hay que reconocer que no es agradable que nos chillen y menos delante de los compañeros. Es normal que tu hijo esté enfadado, aunque él sea responsable, en parte, de la reacción del profesor. En este caso no se trata de ponerse de parte de nadie (está claro que debemos apoyar la labor docente), sino de escuchar los sentimientos, de entender que el niño está enfadado. A partir de ahí preguntarle sobre el modo de resolverlo le ayudará a reflexionar: «¿Qué puedes hacer para que no vuelva a ocurrir?». A lo mejor el enfado no le permite dar una solución lógica y hay que esperar a que esté más tranquilo para hablar sobre lo que puede hacer.

5. Expresa cómo te sientes sin menospreciar a tu hijo. Los niños piensan y se comportan de manera diferente a los adultos. A veces, se dejan llevar por su impulsividad, su curiosidad, sus ganas de ayudar... y dan origen a situaciones que no son de nuestro agrado.

Situación 5

Tu hijo ha decidido preparar la cena mientras tú hablas por teléfono y darte una sorpresa. Después de quemar las salchichas y manchar todo, apareces en la cocina...

a) Gritas: «Pero ¿qué has hecho?».

b) Le dices que es un desastre y le mandas a la cama.

c) Aunque te quedas sorprendido, esperas a que tu hijo te explique lo sucedido para luego actuar en consecuencia.

Comentario

Está claro que el niño ha actuado con buena intención. Y es lógico que el adulto reaccione, al menos con sorpresa, al encontrarse con la escena descrita. Pero no tiene mucho sentido menospreciar o imponer un castigo sin antes escuchar al niño y valorar las intenciones. Si hemos actuado de forma impulsiva, siempre podemos dar marcha atrás e ir al cuarto de nuestro hijo para hablar con él una vez que hayamos recuperado la calma. Tampoco pasa nada. El niño tiene que saber que hay cosas que no puede hacer sin permiso y/o sin ayuda, y tener la oportunidad de arreglar las cosas. Para conseguir todo esto, debemos conocer lo que ha pasado.

6. Evita la sobreprotección. A ningún padre le gusta que su hijo lo pase mal y la mayoría de las veces hacemos lo imposible para que el niño se sienta tranquilo, feliz y a gusto. Pero no siempre lo conseguimos. Muchas situaciones se escapan a nuestro control y generan sentimientos desagradables que hacen daño a nuestro hijo. Debemos convencernos de que no podemos protegerlos de todo, pero sí apoyarles para que se sientan más fuertes ante las pequeñas (o grandes) frustraciones de cada día.

Situación 6

A tu hijo se le ha muerto su mascota y se siente realmente triste...

a) Vais en ese preciso instante a comprar otra exactamente igual.

b) Le llenas de regalos para que esté distraído.

c) Escuchas sus sentimientos y le intentas demostrar que le entiendes.

Comentario

Ante la pérdida no es fácil reaccionar, pero no podemos intentar compensar la tristeza comprando cosas. Estar triste en principio no es malo (salvo que dure demasiado tiempo); es un sentimiento normal ante una situación que nos resulta difícil. Es cierto que no hay que pasarlo mal para hacerse fuerte, pero la adversidad puede ayudarnos a confiar más en nosotros mismos. Enseña a tu hijo a aprovechar los momentos duros para aprender a afrontarlos.

7. Permite la expresión de emociones positivas. La risa, el cariño, la alegría... también deben estar presentes en vuestra familia. Algunas cosas es mejor tomárselas con buen humor, pues suavizan incluso la situación más difícil. A los niños no les cuesta demasiado reírse (al adulto le cuesta un poco más), así que no dudes en aprovechar la facilidad de tus hijos para exteriorizar la alegría y déjate contagiar por ella.

Situación 7

Tus hijos están en su cuarto haciéndose cosquillas...

a) Entras en su cuarto y les dices que ya está bien, que están armando mucho escándalo.

b) Les dejas hasta que se cansan.

c) Vas con ellos y te implicas en el juego.

Comentario

De vez en cuando podemos dejarnos llevar y ser uno más en la expresión de la alegría. ¿Por qué vas a reprimir las ganas de hacer cosquillas a tu hijo o de darle un abrazo grande cuando te cuenta algo importante para él o de saltar de alegría cuando consigue algo por lo que se ha esforzado? Aunque tu carácter sea algo distante, deja que las emociones positivas formen parte de la relación con tus hijos. No pierdes autoridad, al contrario, la ganas. Y, además, disfrutas.

8. Incorpora el buen humor. En la vida diaria surgen multitud de situaciones que pueden amargarnos el día o hacernos sentir mal; la mayoría de éstas pueden resultar cómicas si optamos por quitar hierro al asunto. Esto nos permitirá sentirnos mejor y educar desde el sentido del humor (algo muy positivo para cualquiera) No se trata de reírse de todo, pero sí de estar dispuesto a encontrar la cara divertida de las situaciones y no tener miedo de expresarlo abiertamente (al menos en el entorno familiar).

Situación 8

Habéis planificado ir al campo y empieza a llover:

a) Os quedáis en casa aburridos.

b) Le dices a tu hijo que se busque algo que hacer mientras tú lees.

c) Os disfrazáis juntos de indios y cantáis a la lluvia.

Comentario

Cuando las cosas van mal podemos optar por empeorarlas dejándonos llevar por emociones negativas (el aburrimiento) o buscar alternativas que nos permitan seguir disfrutando. Tu hijo aprenderá a ver el lado positivo de las cosas si tú le demuestras que es posible. Realizar una actividad diferente con la que pasarlo bien es una buena alternativa.

➤ **Recuerda** que expresar emociones y escucharlas no significa que estemos educando de una forma blanda o cursi. Las emociones forman parte de la vida y como tal deben estar presentes en la relación que mantengas con tu hijo. Te ayudará a conocerle mejor y a estar más cerca de él.

Capítulo XI

Disfrutar del tiempo libre

Aunque nuestro ritmo de vida parece no dejar espacio para nada, lo cierto es que cada vez encontramos más recursos y oportunidades para disponer de tiempo libre y disfrutar de él. En muchas ocasiones, las opciones de ocio vienen determinadas por el consumismo, la publicidad o la moda, pero aunque cueste un poco liberarse de tanta presión (y a veces no nos quede más remedio que dejarnos llevar) lo cierto es que el tiempo libre se convierte en una excelente oportunidad para estar con nuestros hijo y disfrutar, e inculcarle muchos de los valores que consideramos esenciales en su desarrollo.

Y aunque los eslóganes publicitarios nos hablen de lo importante que es el fin de semana no tenemos por qué esperar a que llegue el sábado para hacer cosas divertidas con nuestros hijos ni para enseñarles a disfrutar de su tiempo. Tiene más sentido educar a los niños para que aprendan a disfrutar del día a día, de todo aquello que hacen, independientemente del momento de la semana que sea.

Aprovecha el tiempo libre para hacer algo que os apetezca. A veces no hay apenas hueco durante la semana para planificar una salida al campo, pero merece la pena, porque al final el sábado llega y te encuentras en casa sin saber adónde ir, con los niños pequeños en casa armando jaleo y sin fuerzas para intentar poner orden.

Dependiendo del entorno en el que vivas, dispondrás de más o menos recursos para los niños. Es cierto que muchas actividades implican un gasto económico y por eso hay que buscar otras opciones. Incluso teniendo suficiente dinero, no es conveniente que los niños aprendan que sólo se pueden divertir cuando van al cine o de compras. El tiempo libre es algo muy diferente a gastar y puedes educar a tus hijos para que lo vivan de esta manera.

Organiza el tiempo libre con:

• Salidas a la naturaleza. El contacto con la montaña, el campo, el bosque... se convierte en visitas casi obligadas. El niño necesita entrar en contacto con la naturaleza, correr libremente por ella, descubrir los animales y las plantas, comprobar cómo se suceden las estaciones y los cambios que conlleva... Suele ser una actividad muy relajante para toda la familia.

• Visitas culturales. Sí, ya sé que te parece pequeño para hacer ciertas cosas, pero te sorprendería descubrir cuánto puede proporcionarle a tu hijo una visita especialmente diseñada para niños a un museo o asistir a una representación de teatro infantil. No dejes que sean actividades exclusivamente escolares y enseña a tu hijo a disfrutar de las manifestaciones artísticas que nos rodean. Ofrécele la oportunidad de disfrutar también de las fiestas tradicionales; anímale a que participe en los juegos populares y a que conozca la cultura que le es propia y también la de los demás.

• Actividades deportivas. La mayor parte de la actividad que realiza tu hijo a esta edad es física. Favorece que pueda correr y saltar sin peligro y sin demasiados límites.

• Encuentros con familiares y amigos. Estar con otras personas os ayudará a todos a relajaros. Queda con amigos que también tengan hijos con los que puedan jugar.

➤ **Recuerda** que la organización del tiempo libre depende de ti. El niño aprenderá a disfrutar haciendo cosas diferentes en la medida en que se le ofrezca la oportunidad de llevarlas a cabo.

Ejemplo: Está demasiado ensimismado con la tele

Carlos tiene 6 años. Desde que era muy pequeño le ha gustado ver la tele y puede pasarse horas y horas sin mover los ojos del aparato. Cada vez que tiene que hacer algo diferente como vestirse, bañarse o irse a la cama se pone a gritar y a patalear como un loco. Sus padres han optado por dejarle ver la tele todo el tiempo que quiera, incluso mientras come, le visten o hace los deberes. Se duerme viéndola y le llevan a la cama dormido. Bañarse se ha convertido en un auténtico calvario, por lo que le dan una ducha de vez en cuando.

Observa:

• Carlos pasa demasiado tiempo delante del televisor. Está perdiendo la posibilidad de realizar otras actividades y de desarrollar otras capacidades.

• Sus padres están dejando que las normas de la casa las ponga el niño.

• Carlos no está funcionando de forma autónoma, pues ni se viste ni se baña solo cuando podría hacerlo perfectamente.

• No tiene sentido que bañarse sea un numerito o permitir que el niño no se bañe porque no quiere.

• Determinadas tareas, como hacer los deberes, se realizan mejor cuando se está concentrado, es decir, con la tele apagada.

¿Qué podemos proponernos?

1. Establecer un horario para ver la televisión. Ésta no puede estar encendida todo el día ni convertirse en la principal actividad en torno a la cual giren las demás. Sería bueno hablar con Carlos para seleccionar lo que puede ver, pero es el adulto quien decide la cantidad de tiempo.

2. Incluir en el horario otras actividades. Sería conveniente poner un horario para hacer los deberes (en torno a media hora puede ser suficiente para un niño de esta edad), fijar la hora del baño y el tiempo para la cena. Puesto que la televisión tiene tanto poder sobre el niño, podríamos dejar que la vea justo después de que él se haya esforzado. Así, cuando haga los deberes, se bañe o cene, puede ver la televisión.

3. Buscar otras actividades placenteras. Lo más probable es que logremos motivarle para que haga otras cosas que le gusten (aunque nos lleve un tiempo descubrirlas y fijarlas). Si después de cenar podéis dedicar un tiempo a leer algo jun-

tos, o después de los deberes encontráis un juego de mesa de su interés, iremos creando hábitos para que se implique en otras actividades.

4. Tener claro que la televisión se va a limitar en casa. A los padres nos viene muy bien que los niños estén entretenidos y a veces no nos damos cuenta de que estamos fomentando conductas que después no son totalmente de nuestro agrado. Nos es más fácil dejar que vean la tele que proponernos buscar actividades para realizar juntos, ya que eso nos *obliga* a estar con los niños de una manera más activa. Por eso, si decidimos que vamos a reducir el tiempo de televisión deberemos ser conscientes de que eso implica que tendremos que aguantar muchos gritos y pataletas, y mantenernos firmes en nuestra decisión.

5. Hacer un contrato con el niño para reducir las rabietas. A esta edad, Carlos tiene capacidad suficiente para entender la norma de que no se grita ni se dan patadas y se podría organizar un sistema de puntos que permitiera al niño conseguir algo que desea cuando logre un determinado número de puntos.

6. Favorecer que Carlos realice las actividades que puede hacer por sí mismo. Desde el momento en que se ponga en marcha el horario, hay que dejarle claro que va a vestirse, comer y bañarse solo, como condición imprescindible para que luego pueda ver la tele, jugar, leer con nosotros... Las primeras veces intentará manipularnos para ver hasta dónde vamos a llegar, por lo que es imprescindible que nos mantengamos firmes en nuestra postura y le demostremos que, aunque grite o dé patadas, no vamos a ceder.

Diez pistas para recordar

• Cuídate. Si tú estás bien, es más probable que tus hijos también lo estén.

• Elimina los pensamientos que te generan tensión o angustia. La culpa o los «debería» son sólo un obstáculo.

• Comparte tu experiencia como padre con otros adultos. Eso te permitirá reflexionar sobre lo que te pasa y encontrar maneras diferentes de afrontar las situaciones.

• Intenta ir recuperando un tiempo para ti y hacer lo que te gusta. Eso te permitirá sentirte más tranquilo.

• Da cabida a las emociones en tu familia. Expresar lo que uno siente es la mejor manera de afrontarlo/disfrutarlo.

• No dejes que las emociones negativas te desborden. En cuanto las detectes, busca la manera de controlarlas.

• Acepta las emociones de tu hijo sin reproches y sin consejos. Escuchar al niño es la mejor manera de fortalecer la comunicación.

• Aprende a distinguir entre tus emociones y el comportamiento del niño.

• Fomenta las emociones positivas en casa. Ríete a carcajadas con tu hijo.

• Cuida el tiempo libre y aprovéchalo para inculcar a tu hijo aquellos valores que para ti son importantes.